プリント形式のリアル過去問で本番の臨場感！

三重県

皇學館中学校

2025年春受験用 解答集

本書は，実物をなるべくそのままに，プリント形式で年度ごとに収録しています。
問題用紙を教科別に分けて使うことができるので，本番さながらの演習ができます。

■ 収録内容

・解答集(この冊子です)

書籍ＩＤ番号，この問題集の使い方，最新年度実物データ，リアル過去問の活用，
解答例と解説，ご使用にあたってのお願い・ご注意，お問い合わせ

・2024(令和６)年度 ～ 2022(令和４)年度　学力検査問題

・リスニング問題音声《オンラインで聴く》　詳しくは次のページをご覧ください。

○は収録あり	年度	'24	'23	'22		
■ 問題(A日程)		○	○	○		
■ 解答用紙		○	○	○		
■ 配点						

算数に解説があります

英語のリスニング音声・原稿は全年度収録しています

☆問題文等の非掲載はありません

JN132415

教英出版

■　書籍ＩＤ番号

リスニング問題の音声は，教英出版ウェブサイトの「ご購入者様のページ」画面で，書籍ＩＤ番号を入力してご利用ください。

入試に役立つダウンロード付録や学校情報なども随時更新して掲載しています。

書籍ＩＤ番号　108425

（有効期限：2025年9月30日まで）

【入試に役立つダウンロード付録】
「要点のまとめ(国語／算数)」
「課題作文演習」ほか

【リスニング問題音声】
オンラインで問題の音声を聴くことができます。
有効期限までは無料で何度でも聴くことができます。

■　この問題集の使い方

年度ごとにプリント形式で収録しています。針を外して教科ごとに分けて使用します。①片側，②中央のどちらかでとじてありますので，下図を参考に，問題用紙と解答用紙に分けて準備をしましょう（解答用紙がない場合もあります）。

針を外すときは，けがをしないように十分注意してください。また，針を外すと紛失しやすくなりますので気をつけましょう。

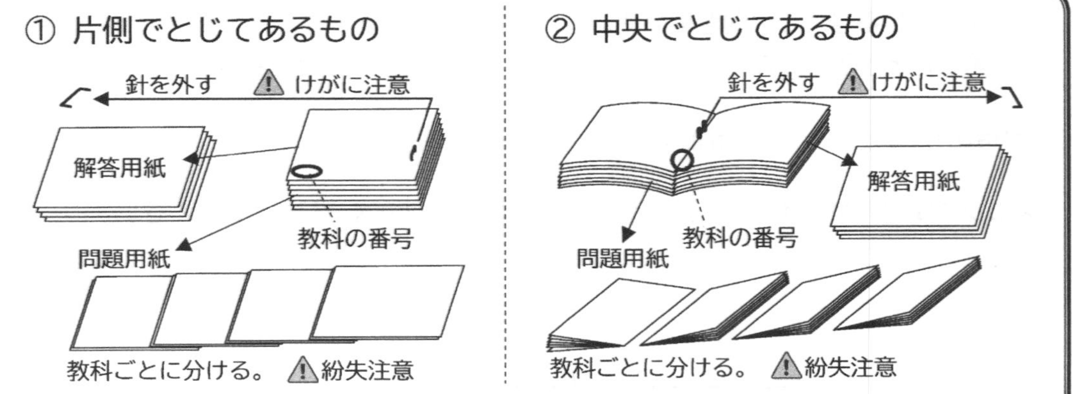

※教科数が上図と異なる場合があります。
解答用紙がない場合や，問題と一体になっている場合があります。
教科の番号は，教科ごとに分けるときの参考にしてください。

■　最新年度　実物データ

実物をなるべくそのままに編集していますが，収録の都合上，実際の試験問題とは異なる場合があります。実物のサイズ，様式は右表で確認してください。

問題用紙	Ｂ４片面プリント
解答用紙	Ｂ４片面プリント

リアル過去問の活用

～リアル過去問なら入試本番で力を発揮することができる～

本番を体験しよう！

問題用紙の形式（縦向き／横向き），問題の配置や余白など，実物に近い紙面構成なので本番の臨場感が味わえます。まずはパラパラとめくって眺めてみてください。「これが志望校の入試問題なんだ！」と思えば入試に向けて気持ちが高まることでしょう。

入試を知ろう！

同じ教科の過去数年分の問題紙面を並べて，見比べてみましょう。

①　問題の量

毎年同じ大問数か，年によって違うのか，また全体の問題量はどのくらいか知っておきましょう。どのくらいのスピードで解けば時間内に終わるのか，大問ひとつにかけられる時間を計算してみましょう。

②　出題分野

よく出題されている分野とそうでない分野を見つけましょう。同じような問題が過去にも出題されていることに気がつくはずです。

③　出題順序

得意な分野が毎年同じ大問番号で出題されていると分かれば，本番で取りこぼさないように先回りして解答することができるでしょう。

④　解答方法

記述式か選択式か（マークシートか），見ておきましょう。記述式なら，単位まで書く必要があるかどうか，文字数はどのくらいかなど，細かいところまでチェックしておきましょう。計算過程を書く必要があるかどうかも重要です。

⑤　問題の難易度

必ず正解したい基本問題，条件や指示の読み間違いといったケアレスミスに気をつけたい問題，後回しにしたほうがいい問題などをチェックしておきましょう。

問題を解こう！

志望校の入試傾向をつかんだら，問題を何度も解いていきましょう。ほかにも問題文の独特な言いまわしや，その学校独自の答え方を発見できることもあるでしょう。オリンピックや環境問題など，話題になった出来事を毎年出題する学校だと分かれば，日頃のニュースの見かたも変わってきます。

こうして志望校の入試傾向を知り対策を立てることこそが，過去問を解く最大の理由なのです。

実力を知ろう！

過去問を解くにあたって，得点はそれほど重要ではありません。大切なのは，志望校の過去問演習を通して，苦手な教科，苦手な分野を知ることです。苦手な教科，分野が分かったら，教科書や参考書に戻って重点的に学習する時間をつくりましょう。今の自分の実力を知れば，入試本番までの勉強の道すじが見えてきます。

試験に慣れよう！

入試では時間配分も重要です。本番で時間が足りなくなってあわてないように，リアル過去問で実戦演習をして，時間配分や出題パターンに慣れておきましょう。教科ごとに気持ちを切り替える練習もしておきましょう。

心を整えよう！

入試は誰でも緊張するものです。入試前日になったら，演習をやり尽くしたリアル過去問の表紙を眺めてみましょう。問題の内容を見る必要はもうありません。どんな形式だったかな？受験番号や氏名はどこに書くのかな？…ほんの少し見ておくだけでも，志望校の入試に向けて心の準備が整うことでしょう。

そして入試本番では，見慣れた問題紙面が緊張した心を落ち着かせてくれるはずです。

※まれに入試形式を変更する学校もありますが，条件はほかの受験生も同じです。心を整えてあせらずに問題に取りかかりましょう。

皇學館中学校

《国　語》

〔一〕問１．A．しげん　B．かくだん　C．とうぜん　D．きよ　　問２．Ⅰ．ウ　Ⅱ．イ　Ⅲ．エ　Ⅳ．ア

問３．X．オ　Y．ウ　　問４．エ　　問５．a．可動式　b．固定(式)　　問６．発明しなかった

問７．日本では古来、上から降ってくる水を浴びて、身や心を清めるという思いも行為も存在していたという事例。

〔二〕問１．ウ　　問２．A．エ　B．ア　　問３．X．イ　Y．エ　　問４．茶筅で茶をかき混ぜる時くらいは、自由にさせてくれるだろうと思ったから。　　問５．イ　　問６．簡単だと見くびっていた「お茶」にまるで歯がたたなかったことで、流れるようなお点前ができる武田のおばさんに対し、尊敬やあこがれをいだいたから。

問７．「お茶」を習うために、慢心やつまらないプライドを捨て、気持ちを入れかえて出直そうという思い。

〔三〕問１．①映画　②収納　③対照　　問２．①心　②空　　問３．①エ　②イ　③ウ　　問４．①ウ　②ア　③エ　　問５．ウ　　問６．①エ　②ア　③ウ　④オ　　問７．イ　　問８．エ　　問９．イ　　問10．エ

《算　数》

1　(1)①19.24　②3　③1　④5　⑤16　　(2)①□…$\frac{5}{9}$　○…$\frac{10}{27}$　②12　③□…64.5　○…64.5　④168

2　(1)(ウ)　　(2)24　　(3)110　　(4)4049　　(5)84.78　　(6)30，1860　　(7)80　　(8)70

3　ア．長く　　イ．200.48　　ウ．206.76　　エ．6.28

4　(1)①　　(2)8分24秒後

5　(1)12　　(2)15　　(3)午前10時50分

《英　語》

1　No. 1．2　　No. 2．3

2　No. 1．a　　No. 2．b

3　No. 1．4　　No. 2．1

4　①京都　　②バス　　③神社

5　(1)2　　(2)4　　(3)1　　(4)3　　(5)2

6　(1)3　　(2)3　　(3)2　　(4)1　　(5)4

7　①保護施設の犬たちが新しい飼い主を探している。　　②Coco　　③家の中

④キャリーケース，ペットシーツ，タオル

8　I want to make many friends.／I want to read books in the library.／I want to play soccer.　などから２つ

《理　科》

1 (1)150　(2)物体が全部水に入っているとき，深さによって浮力は変わらない。　(3)130　(4)240

2 (1)右図　(2)A，C，D，F　(3)不完全変態　(4)①3.9　②75.5

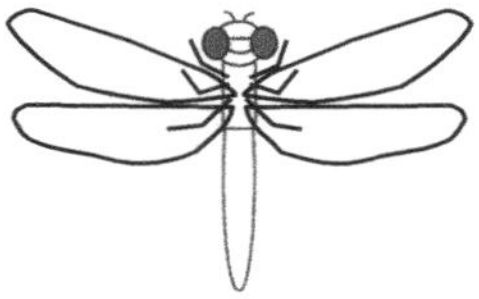

(5)びんの中の空気があたためられて，体積が大きくなり，1円玉を押し上げるから。

(6)①B．うすいアンモニア水　C．食塩水　②[実験／結果]［石灰水を加える。／白くにごる方が炭酸水である。］［においをかぐ。／つんとしたにおいのする方がうすい塩酸である。］［あたためる。／あわの出る方が炭酸水である。］などから1つ

3 (1)活火山　(2)溶岩　(3)マグマ　(4)エ　(5)御嶽山　(6)イ　(7)南海トラフ地震

(8)たなの上に物を出しっぱなしにしない。

《社　会》

1 問1．ウ　問2．エ　問3．効率を無視して何度も　問4．イ　問5．ウ　問6．ア，エ　問7．ウ　問8．イ

2 問1．卑弥呼　問2．前方後円墳　問3．ウ　問4．聖武天皇　問5．エ　問6．イ　問7．エ

3 問1．(1)イ　(2)滋賀県　問2．(X)太閤検地　(Y)刀狩　問3．参勤交代　問4．幕府がもっていた政権を朝廷に返上すること。　問5．ア

4 問1．イ　問2．エ　問3．ア　問4．ウ　問5．イ　問6．国民審査　問7．ア

皇學館中学校

1 (1)② 与式＝12÷(15－11)＝12÷４＝**3**　③ 与式＝$3\frac{5}{10}-2\frac{7}{10}+\frac{2}{10}=3\frac{5}{10}+\frac{2}{10}-2\frac{7}{10}=3\frac{7}{10}-2\frac{7}{10}=$**1**

④ 与式＝$45\times(\frac{6}{15}-\frac{5}{15})+54\times(\frac{13}{27}-\frac{12}{27})=45\times\frac{1}{15}+54\times\frac{1}{27}=3+2=$**5**

⑤ 与式＝0.8×26＋0.8×３－0.8×９＝0.8×(26＋３－９)＝0.8×20＝**16**

(2)① $\frac{2}{3}$の逆数は$\frac{3}{2}$である。$\square\times\frac{3}{2}=\frac{5}{6}$より，$\square=\frac{5}{6}\div\frac{3}{2}=\frac{5}{6}\times\frac{2}{3}=$**$\frac{5}{9}$**　$\bigcirc=\frac{5}{9}\times\frac{2}{3}=$**$\frac{10}{27}$**

② **【解き方】約数の個数は，その数を素数の積で表したときの形と関係している。**

１は約数が１個だけなので，除く。

素数は，約数が１とその数自身の２個しかないので，素数である２，３，５，７，11，13，17は除く。

次に，２種類の素数を１個ずつかけあわせてできる数について考える。ａ，ｂを異なる素数とすると，ａ×ｂの約数は，１，ａ，ｂ，ａ×ｂの４個である。したがって，２種類の素数を１個ずつかけあわせてできる数(６，10，14，15)の約数の個数は４個である。

１から17までの整数の中で以上の条件にあてはまらない数は，１つ１つ約数の個数を調べると，右表のようになる。

整数	約数	約数の個数
4	1，2，4	3個
8	1，2，4，8	4個
9	1，3，9	3個
12	1，2，3，4，6，12	6個
16	1，2，4，8，16	5個

よって，求める整数は**12**である。

③ ６個のデータの中央値は，６÷２＝３より，大きさ順に並べたときの３番目と４番目の値《あたい》の平均である。

データを小さい順に並べると，41，58，64，65，74，85となる。

よって，平均値は，(41＋58＋64＋65＋74＋85)÷６＝387÷６＝**64.5**(点)，中央値は，(64＋65)÷２＝**64.5**(点)

④ **【解き方】太郎さんと花子さんの身長の比21：19について，比の数の21－19＝２が16㎝にあたる。**

太郎さんの身長は，$16\times\frac{21}{2}=$**168**(㎝)

2 (1) **【解き方】y＝(決まった数)÷x，または$x\times y$＝(決まった数)となるとき，yがxに反比例する。**

なお，y＝(決まった数)×xとなるとき，yはxに比例している。

(ア)$y=x\times3$だから，比例である。　(イ)$y=50\times x+70$だから，反比例ではない。　(ウ)$y=30\div x$だから，反比例である。　(エ)$y=x\times2\times3.14=x\times6.28$だから，比例である。　よって，**(ウ)**が正しい。

(2) 大きい位から順に数を決めるとする。百の位の選び方は１，２，３，４の４通りある。その１通りごとに，十の位は残りが３枚だから３通りある。その１通りごとに，一の位は残りが２枚だから２通りある。

よって，３けたの整数は全部で，４×３×２＝**24**(通り)できる。

(3) 右図の三角形ＯＡＥはＯＡ＝ＯＥの二等辺三角形だから，

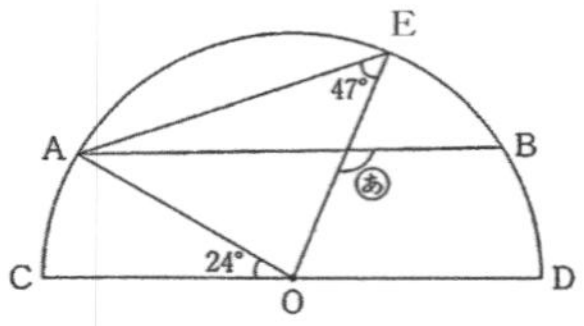

角ＡＯＥ＝180°－47°×２＝86°

平行線の錯角は等しいから，角あ＝角ＣＯＥ＝24°＋86°＝**110°**

(4) 最初の１枚の横の長さは３㎝である。この後さらに１枚はりつけるごとに，横の長さは３－１＝２(㎝)長くなる。よって，2024枚はりつけたときの横の長さは，３＋２×(2024－１)＝**4049**(㎝)

(5) **【解き方】色のついた部分は面積を変えずに右図のように移動できる。したがって，半径８㎝の半円の面積から，㋐の部分の面積を引けばよい。**

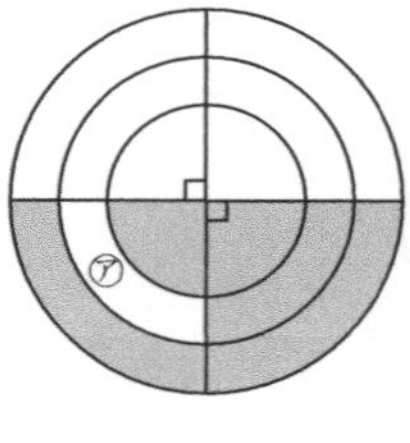

半径８㎝の半円の面積は，$8\times8\times3.14\times\frac{1}{2}=32\times3.14$(㎠)

㋐の部分の面積は，

$6\times6\times3.14\times\frac{90°}{360°}-4\times4\times3.14\times\frac{90°}{360°}=(36-16)\times\frac{1}{4}\times3.14=5\times3.14$(㎠)

よって，求める面積は，32×3.14－5×3.14＝(32－5)×3.14＝27×3.14＝**84.78**(cm²)

(6)　**【解き方】2人が出会うのは，2人が進んだ道のりの和が3.6km＝(3.6×1000)m＝3600mになったときである。**

2人は1分ごとに合わせて62＋58＝120(m)進むから，出会うのは，3600÷120＝**30**(分後)

このとき太郎さんはA町から62×30＝1860(m)進んでいるから，求める道のりは**1860m**である。

(7)　定価は原価の$1+\frac{3}{10}=\frac{13}{10}$(倍)である。2割引きはもとの値段の$1-\frac{2}{10}=\frac{4}{5}$(倍)である。

よって，実際に売った値段は，$2000\times\frac{13}{10}\times\frac{4}{5}=2080$(円)だから，利益は，2080－2000＝**80**(円)

(8)　**【解き方】短針は1時間で360°÷12＝30°進むから，1分間で$30°\div60=\frac{1}{2}°$進む。長針は1分間に360°÷60＝6°進む。したがって，短針と長針が進む角度の差は1分あたり$6°-\frac{1}{2}°=\frac{11}{2}°$である。**

5時ちょうどのとき，短針が長針より$360°\times\frac{5}{12}=150°$進んでいる。この後40分間で，長針が短針より$\frac{11}{2}°\times40=$220°多く進むから，5時40分の時点で，長針が短針より220°－150°＝**70°**先にいる。

3　第2レーンの曲線を走るとき，第1レーンの曲線を走るときと比べると，より半径が長い半円の曲線部分を走ることになるので，道のりが$_{ア}$**長く**なってしまう。

直線部分の長さの合計は第1レーンも第2レーンも，50×2＝100(m)である。

第1レーンの内側のラインの曲線の長さの合計は，半径が16mの円の円周と等しく，16×2×3.14＝32×3.14＝100.48(m)だから，第1レーンの道のりは，100＋100.48＝$_{イ}$**200.48**(m)である。

第2レーンの内側のラインの曲線の長さの合計は，半径が16＋1＝17(m)の円の円周と等しく，17×2×3.14＝34×3.14＝106.76(m)だから，第2レーンの道のりは，100＋106.76＝$_{ウ}$**206.76**(m)である。

よって，道のりの違いは，206.76－200.48＝$_{エ}$**6.28**(m)

4　(1)　水を入れる割合は一定であり，水がたまる部分の底面積は，ある程度水がたまると小さくなるから，水面が上がる速さは，底面積が小さくなったときから速くなる。よって，①が適切である。

(2)　水そうの容積を，12と28の最小公倍数の$\textcircled{84}$とする。A管が入れる水は1分ごとに$\frac{\textcircled{84}}{12}=\textcircled{7}$，B管が入れる水は1分ごとに$\frac{\textcircled{84}}{28}=\textcircled{3}$である。したがって，A管とB管から同時に水を入れると，1分ごとに⑦＋③＝⑩の水が入るから，水そうがいっぱいになるのは，$\frac{\textcircled{84}}{\textcircled{10}}=8.4$(分後)，つまり，8分(0.4×60)秒後＝**8分24秒後**

5　(1)　スタート地点からA地点までの道のりは，$21\times\frac{5}{7}=15$(km)で，かかった時間は10時15分－9時＝1時間15分＝$1\frac{15}{60}$時間＝$\frac{5}{4}$時間である。よって，求める速さは，$15\div\frac{5}{4}=12$より，時速**12**kmである。

(2)　**【解き方】A地点からゴール地点までにかかる時間の差を求める。**

A地点からゴール地点までの速さは，$12\times\frac{2}{3}=8$より，時速8kmである。A地点からゴール地点までの道のりは21－15＝6(km)だから，(1)の速さだと$6\div12=\frac{1}{2}$(時間)，つまり$\frac{1}{2}\times60=30$(分)かかり，時速8kmだと，$6\div8=\frac{3}{4}$(時間)，つまり$\frac{3}{4}\times60=45$(分)かかる。よって，求める時間は，45－30＝**15**(分)

(3)　**【解き方】花子さんがA地点を通過したとき，太郎さんがA地点から何km進んでいるか求める。**

花子さんはスタート地点からA地点まで$15\div10=\frac{3}{2}=1\frac{1}{2}$(時間)，つまり1時間$(\frac{1}{2}\times60)$分＝1時間30分かかる。

したがって，9時＋1時間30分＝10時30分にA地点を通過する。このとき太郎さんは，A地点から

10時30分－10時15分＝15分，つまり$\frac{15}{60}$時間＝$\frac{1}{4}$時間走っているから，A地点から$8\times\frac{1}{4}=2$(km)進んでいる。

この後，花子さんと太郎さんの間の道のりは1時間ごとに14－8＝6(km)の割合で縮まるから，$2\div6=\frac{1}{3}$(時間後)，つまり$\frac{1}{3}\times60=20$(分後)に花子さんが太郎さんに追いつく。

このときの時刻は10時30分＋20分＝**10時50分**であり，太郎さんはまだゴールしていないので，条件に合う。

皇學館中学校

《国　語》

〔一〕問１．A．あんち　B．とりい　C．せぼね　D．こうぞう　　問２．Ⅰ．ウ　Ⅱ．イ　Ⅲ．ア　Ⅳ．エ
問３．X．イ　Y．エ　　問４．ア　　問５．窓が、風通しを良くして空気をきれいにするため、暗い室内に光を取り込むために役立つこと。　　問６．形体の極致のような抽象的な枠の中に、本物の植物や石があるという組み合わせによって、美が生まれるから。　　問７．構造や形のちがいを味わう屋根、額縁として景色を絵画のように見せる窓があるなど、ただの建物ではない美。

〔二〕問１．ウ　　問２．X．エ　Y．キ　　問３．教えてもらった場所を全部回って、証拠の写真まで送る点。
問４．イ　　問５．自分自身の経験をふまえて、相手が同じような思いをしないようにアドバイスをする、おしつけがましい性格。　　問６．白井くんのシンプルで明快な考え方を聞いたおかげで、自分の本当の気持ちに気付き、悩みが解消したから。

〔三〕問１．①招　②演技　③統率　　問２．①往　②再　　問３．①ア　②エ　③ウ　④イ　　問４．①カ
②ウ　③ア　④ク　⑤エ　　問５．ア　　問６．エ　　問７．エ　　問８．ウ　　問９．ア　　問10．イ

《算　数》

1　(1)①15.27　②8　③$\frac{5}{12}$　④2　⑤1000　　(2)①12　②4　③□…17　○…4〔別解〕□…4　○…17　④6　⑤6

2　(1)0.5　(2)500　(3)270　(4)96　(5)136　(6)9　(7)青　(8)2

3　(1)16　(2)9　(3)8，8

4　(1)6.6　(2)6

5　(1)5400　(2)16，30

《英　語》

1　No.1．3　　No.2．1

2　No.1．d　　No.2．b

3　No.1．1　　No.2．3

4　①7人　②音楽をきいている　③サッカーボール

5　(1)4　(2)2　(3)3　(4)3　(5)1

6　(1)2　(2)4　(3)1　(4)3　(5)2

7　①12時50分　②余った食べ物を持ち帰るための容器を持ってきてください。　③9000円

8　I can play the piano well.／I can’t run fast.

《理　科》

1 (1)10　(2)40　(3)50　(4)71　(5)53　(6)４　(7)1.6

2 (1)オス…Ｂ　メス…Ａ　(2)イ　(3)受精　(4)エ　(5)ア　(6)ウ
(7)ブラックバスやブルーギルが多く生息する池や沼の水を全部抜く。

3 (1)れき　(2)砂　(3)ウ　(4)②，⑤　(5)西

《社　会》

1 問１．イ　問２．ウ　問３．ア　問４．エ　問５．高齢化や後継者不足によって農業従事者の数が減っている。　問６．(例文)自動ブレーキなどの，運転者を支援する機能が開発されたこと。　問７．イ
問８．ア，ウ，オ

2 問１．首都名…キーウ　位置…エ　問２．北方領土　問３．(1)ア　(2)イ，オ　(3)エ　(4)エ
問４．ユニバーサルデザイン

3 問１．(1)17　(2)イ　(3)名前…高床倉庫　特徴…しっ気やねずみの害を防ぐため，床を高くし，ねずみ返しがつけられている。　(4)大和政権　問２．(1)(源)頼朝　(2)将軍が御家人の以前からの領地を保護したり，手がらに応じて，新たな領地や職をあたえたりすること。　(3)承久の乱　(4)ア　(5)ウ

4 問１．エ　問２．琉球王国　問３．Ａ．乗組員　Ｂ．燃料や食料　問４．日米修好通商条約　問５．イ
問６．ウ　問７．ア，オ

皇學館中学校

1 (1)② 与式＝６＋(８－６)＝６＋２＝８　　③ 与式＝$\frac{5}{4}+\frac{5}{3}-\frac{5}{2}=\frac{15}{12}+\frac{20}{12}-\frac{30}{12}=\frac{5}{12}$

④ 与式＝$\frac{2}{3}\times\frac{3}{4}+\frac{2}{3}\times\frac{3}{5}+1.1=\frac{1}{2}+\frac{2}{5}+1.1=0.5+0.4+1.1=2$

⑤ 与式＝25×(28＋24－12)＝25×40＝1000

(2)① **【解き方】右の表のように得点を大きさ順に並べる。**

８÷２＝４より，中央値は４番目，５番目の得点の平均である。

ゲームの得点(点)			
5	9	11	11
13	16	17	19

中央値は，(11＋13)÷２＝12(点)

② ３×(11－□)＋７＝28　３×(11－□)＝28－７　11－□＝21÷３　□＝11－７　□＝４

③ **【解き方】積が 68 になる整数の組み合わせを先に考える。**

積が 68 となる整数の組み合わせは，68 と１，34 と２，17 と４であり，このうち差が 13 のものは 17 と４である。

④ **【解き方】２けたの整数が偶数となるとき，一の位は２または４となる。**

一の位が２のとき，十の位のカードの並べ方は残った３枚のうち１枚を並べるから３通りあるので，２けたの偶数は３通りできる。一の位が４のときも同様に３通りできるから，求める個数は，３＋３＝６(個)

⑤ $5\div\frac{2}{3}=5\times\frac{3}{2}=\frac{15}{2}$より，$\frac{2}{3}$を$\frac{15}{2}$倍すると５になるので，□は 0.8 を$\frac{15}{2}$倍した数である。よって，$0.8\times\frac{15}{2}=6$

2 (1) **【解き方】実際の長さを$\frac{1}{25000}$倍すると２cmになるので，２cmを 25000 倍すれば実際の長さを求められる。**

２×25000＝50000(cm)となるから，50000 cm＝$(50000\times\frac{1}{100})$m＝500m＝$(500\times\frac{1}{1000})$km＝0.5 km

(2) **【解き方】速さとかかる時間は反比例するから，時間が$\frac{30}{45}=\frac{2}{3}$(倍)になるとき，速さは$\frac{3}{2}$倍になっている。**

求める速さは，時速$(20\times\frac{3}{2})$km＝時速 30 km＝分速$\frac{30\times1000}{60}$m＝分速 500m

(3) **【解き方】植木算を利用する。(間隔《かんかく》の数)＝(電柱の数)－１となる。**

30mの間隔が 10－１＝９あるので，１本目と 10 本目は，30×９＝270(m)離《はな》れている。

(4) **【解き方】縦と横の長さの和は，40÷２＝20(cm)である。**

縦と横の長さの比が３：２だから，縦は$20\times\frac{3}{3+2}$＝12(cm)，横は 20－12＝８(cm)である。

よって，求める面積は，12×８＝96(cm²)

(5) **【解き方】右図のように分けて立方体を数えると考えやすい。**

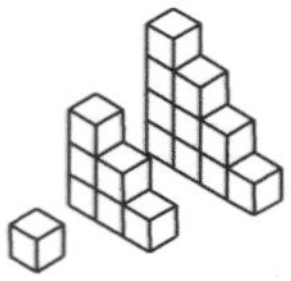

体積が２×２×２＝８(cm³)の立方体が右図より，１＋６＋10＝17(個)あるので，

求める体積は，８×17＝136(cm³)

(6) **【解き方】右のように作図する。角ＡＢＥ＝90°－60°＝30°だから，**

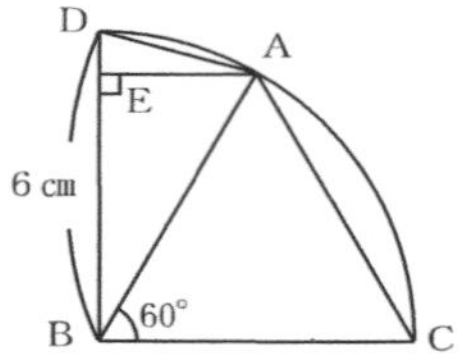

三角形ＡＢＥは１辺がＡＢ＝６cmの正三角形を２等分してできる直角三角形である。

ＡＥ＝６÷２＝３(cm)だから，求める面積は，ＤＢ×ＡＥ÷２＝６×３÷２＝９(cm²)

(7) **【解き方】７の倍数は紫のカードになるので，103 の直前の７の倍数を考える。**

103÷７＝14 余り５より，103 は 14 枚目の紫のカードから５枚目のカードだから，塗《ぬ》られている色は青である。

(8) **【解き方】10 円玉は 10 枚以下なので，70 円をつくるためには 10 円玉は７枚だとわかる。このとき，500 円玉と 100 円玉が合わせて 30－７＝23(枚)ある。この 23 枚をすべて 100 円玉とし，差額を考えればよい。**

500 円玉と 100 円玉は合計 23 枚あり，その金額は 3170－70＝3100(円)である。23 枚の硬貨がすべて 100 円玉だとすると，金額は 100×23＝2300(円)となり，3100－2300＝800(円)足りない。100 円玉１枚を 500 円玉１枚にかえると，金額は 500－100＝400(円)増える。よって，800÷400＝２(枚)の 100 円玉を 500 円玉にかえればよい。

したがって，500円玉は２枚となる。

3 ⑴　**【解き方】５×５マスの方眼紙の中にある直線と直線が交わる点(交点《こうてん》)のうち，１辺の長さが２cmの正方形の左上の頂点は，右図の点線で囲んだ中にしか置けない。**

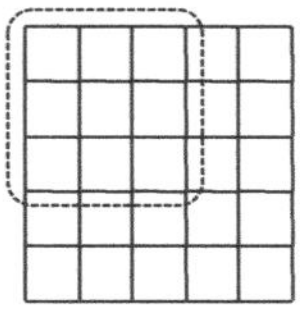

点線の中にある交点の数は，４×４＝16だから，(ア)＝16

⑵　**【解き方】⑴と同様に考える。**

10×10マスの方眼紙の中では，１辺の長さが８cmの正方形の左上の頂点は，左上にある２×２のマスにふくまれる交点にしか置けない。よって，求める個数は，３×３＝９(個)となる。

⑶　**【解き方】ｎ×ｎマスの方眼紙に作ることができる正方形は，１辺がｎcmの正方形が１×１＝１(個)，１辺がｎ－１(cm)の正方形が２×２＝４(個)，１辺がｎ－２(cm)の正方形が３×３＝９(個)，……，１辺が１cmの正方形がｎ×ｎ(個)となる。よって，方眼紙の中に作れる正方形の数は，１×１＋２×２＋３×３＋……＋ｎ×ｎ(個)と表すことができるので，正方形の数が200を超えるような最小のｎを求めればよい。**

(ウ)はｎ＝５のときの正方形の個数だから，25＋16＋９＋４＋１＝55(個)となる。よって，正方形の個数を順に求めていくと，ｎ＝６のとき55＋６×６＝91(個)，ｎ＝７のとき91＋７×７＝140(個)，ｎ＝８のとき140＋８×８＝204(個)となり，ｎ＝８ではじめて200個を超える。よって，□＝８

4 ⑴　**【解き方】図３の水の体積は，満水状態の水の体積から，右図の色つきの台形を底面とする高さが５cmの角柱の体積を引けば求められる。この体積を斜線《しゃせん》の面の面積で割ることで，水の高さが求められる。**

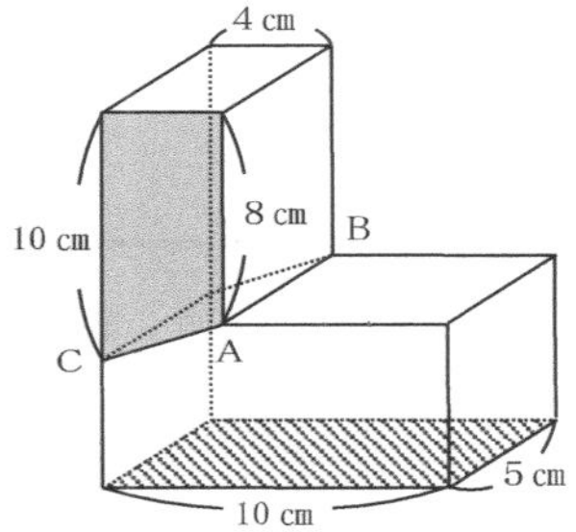

満水状態の体積は，５×10×７＋５×４×(15－７)＝510(cm³)

色つきの台形の面積は，(８＋10)×４÷２＝36(cm²)だから，水が入っていない部分の容積は，36×５＝180(cm³)　図３の水の体積は，510－180＝330(cm³)

斜線の面の面積は50cm²だから，水面の高さは，330÷50＝6.6(cm)

⑵　**【解き方】排水管Ｓと給水管Ｔを両方開くことで，容器内の水は１分間に75－45＝30(cm³)の割合で増える。**

⑴より，水が入っていない部分の容積は180cm³だから，満水になるまでの時間は，180÷30＝６(分)

5 ⑴　**【解き方】みささんは家を出て３分後に家から300×３＝900(m)離《はな》れたところにいる。兄の速さは分速360mだから，１分間に360－300＝60(m)２人の間の道のりがちぢまる。**

兄は出発してから，900÷60＝15(分)でみささんに追いつくので，求める道のりは，360×15＝5400(m)

⑵　**【解き方】家から学校までの，「自転車のみささん」と「車」のかかる時間の差と，速さの差から，家から学校までの道のりを求められる。次に，４月８日の自転車に乗っていた時間をつるかめ算を利用して求める。**

家から学校まで，自転車のみささんと車が同時に出発したとすると，車が学校に着いたとき，みささんと車の間の道のりは，300×14＝4200(m)になっている。車の速さは，時速60km＝分速$\frac{60\times1000}{60}$m＝分速1000mだから，車と自転車のみささんの間の道のりは，１分間に1000－300＝700(m)開く。したがって，車が学校に着くのは出発してから4200÷700＝６(分後)で，家から学校までの道のりは，1000×６＝6000(m)である。

自転車のみささんは家から学校まで6000÷300＝20(分)かかるから，４月８日は，20分＋11分30秒＝20分＋11$\frac{30}{60}$分＝$\frac{63}{2}$分かかった。みささんが$\frac{63}{2}$分間歩き続けるとすると，70×$\frac{63}{2}$＝2205(m)進むので，6000mには6000－2205＝3795(m)足りない。歩いた１分間を自転車の１分間に置きかえると，進んだ道のりは300－70＝230(m)のびる。したがって，自転車に乗っていた時間は，3795÷230＝$\frac{33}{2}$＝16$\frac{1}{2}$(分)，つまり，16分($\frac{1}{2}$×60)秒間＝16分30秒間

★皇學館中学校

《国　語》

〔一〕 問1．A．せいどうき　B．めだま　C．ちょっけい　D．きのう　E．ひょうしょう　　問2．(1)円盤形　(2)紀元前一六～ていたこと　　問3．Ⅰ．イ　Ⅱ．エ　　問4．太陽の舟　　問5．ウ　　問6．飛鳥時代の天文学的な知識を知る上で非常に貴重な資料であり、当時の暦を考える上でも、美術的、資料的価値がたいへん高い貴重なもの。　　問7．(例文)暦を作って時を刻み、それを進化させてきたことからは、人類の自然に対する好奇心の強さが感じられる。

〔二〕 問1．A．イ　B．ア　C．ウ　D．ア　　問2．エ　　問3．お父さんが意外なことを言い、話の続きが気になったから。　　問4．宇宙のどこかで、誰かがレコードを見つけて聞いてくれるかもしれない

問5．(例文)私は、探査機にレコードを搭載することを考えた人のような、夢や遊び心をもった大人になりたいと思う。

〔三〕 問1．①求　②険　③勢　　問2．①相　②百　　問3．ア　　問4．①エ　②ア　③イ　④ウ

問5．①イ　②オ　③ケ　④ア　⑤ウ　　問6．エ　　問7．エ　　問8．エ　　問9．ウ　　問10．イ

《算　数》

1 (1)①182.42　②20　③$2\frac{1}{6}$　④$\frac{13}{14}$　⑤9　　(2)①5　②33　③99　④$\frac{16}{44}$　⑤□．1　○．5

2 (1)60.75　(2)1350　(3)30　(4)673　(5)16　(6)20　(7)24　(8)②，⑦　(9)72.8

3 (1)42　(2)12

4 (1)160　(2)4560

5 (1)43　(2)右図

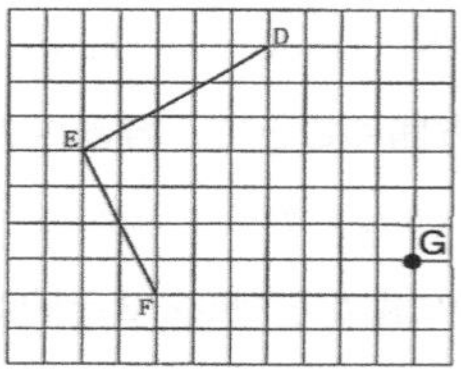

【図3】

《英　語》

1 No.1．2　No.2．3

2 No.1．b　No.2．a

3 No.1．4　No.2．1

4 ①動物(園に行くこと)　②フランス　③スポーツ(をすること)

5 (1)3　(2)4　(3)3　(4)2　(5)1

6 (1)4　(2)3　(3)1　(4)4　(5)1

7 ①カナダ／ニュージーランド／シンガポール　②パソコン／ヘッドセット　③2月25日の正午

8 I watched a soccer game on TV.／I went to a famous shrine.／I ate traditional Japanese food.

《理　科》

1　(1)コイル　(2)ウ　(3)ア，イ　(4)イ，ウ　(5)ウ

2　(1)こまごめピペット　(2)鉄　(3)アルミニウムはく　(4)水素　(5)黄色　(6)引きよせられない

3　A．(1)エ　(2)ア　(3)イ　(4)くき　(5)根　B．(1)ア．卵　イ．受精　(2)ウ　(3)羊水　(4)ウ

4　(1)C　(2)下流にある石ほど小さく，丸みを帯びているから。　(3)右図　(4)ア，エ

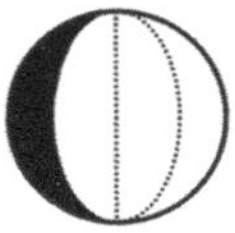

《社　会》

1　問１．イ　問２．ウ　問３．ア　問４．イ　問５．(1)エ　(2)品種改良　(3)イ　問６．エ

2　問１．イ　問２．寝殿造　問３．ウ　問４．(1)イ　(2)出島　(3)歌川広重　(4)ア

3　問１．ア　問２．(1)吉田茂　(2)イ　問３．B　問４．(1)エ　(2)ア　問５．藩を廃止して府県に統一したこと。　問６．殖産興業

4　問１．18　問２．ア　問３．ハザードマップ　問４．イ　問５．ウ　問６．温室効果

←解答例は前のページにありますので，そちらをご覧ください。

1 (1)② 与式＝13＋(49－42)＝13＋７＝20

③ 与式＝$4-\frac{7}{2}+\frac{5}{3}=\frac{24}{6}-\frac{21}{6}+\frac{10}{6}=\frac{13}{6}=2\frac{1}{6}$

④ 与式＝$\frac{5}{8}\div(\frac{4}{12}+\frac{3}{12})-\frac{1}{7}=\frac{5}{8}\div\frac{7}{12}-\frac{1}{7}=\frac{5}{8}\times\frac{12}{7}-\frac{1}{7}=\frac{15}{14}-\frac{2}{14}=\frac{13}{14}$

⑤ 与式＝$\frac{1}{4}\times41-\frac{1}{4}\times11+\frac{1}{4}\times6=\frac{1}{4}\times(41-11+6)=\frac{1}{4}\times36=9$

(2)① 最頻値は，最も現れた数の多い得点だから，５である。

② 与式より，(123－□)÷２＝70－25　　123－□＝45×２　　□＝123－90＝33

③ 十の位を四捨五入して 1400 になる数のうち，最も大きい整数は 1449，最も小さい整数は 1350 だから，
その差は，1449－1350＝99

④ $\frac{4}{11}$の分子と分母の和は 11＋４＝15 だから，60÷15＝４より，求める分数は，$\frac{4\times4}{11\times4}=\frac{16}{44}$

⑤ １時間 12 分 39 秒＝(１×60×60＋12×60＋39)秒＝4359 秒だから，２時間□分○秒＝4359×$\frac{5}{3}$＝7265(秒)
7265÷(60×60)＝２余り 65，65÷60＝１余り５より，7265 秒＝２時間１分５秒だから，□＝１，○＝５

2 (1) できる立体は右図のように，底面積が６×4.5÷２＝13.5(㎠)，高さが 4.5 cmの三角柱だから，体積は，13.5×4.5＝60.75(㎤)

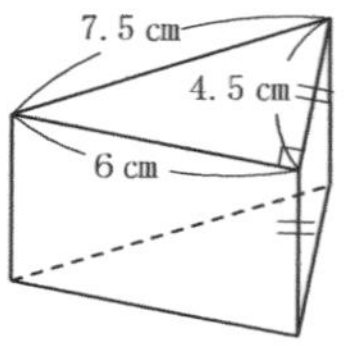

(2) 270 秒＝$\frac{270}{60}$分＝$\frac{9}{2}$分だから，求める道のりは，300×$\frac{9}{2}$＝1350(m)

(3) 3500 円の６割は 3500×0.6＝2100(円)なので，7000 円の$\frac{2100}{7000}$×100＝30(%)である。

(4) **【解き方】連続する３つの整数のうち，真ん中の整数は最も小さい整数より１大きく，最も大きい整数は最も小さい整数より２大きいから，３つの整数の和は，最も小さい整数の３倍より１＋２＝３大きい。**
最も小さい整数の３倍は 2022－３＝2019 だから，最も小さい整数は，2019÷３＝673

(5) 大きな容器 10－７＝３(杯)と，小さな容器 15－10＝５(杯)は同じ容積である。
小さな容器 10 杯は大きな容器３×$\frac{10}{5}$＝６(杯)と同じ容積なので，大きな容器だけ使うと，10＋６＝16(杯)で水そうがいっぱいになる。

(6) **【解き方】右図のように記号をおく。折って重なるので，アとイの面積は等しい。**
アとイと色付き部分の面積はそれぞれ等しい。よって，アの面積は，正方形の面積の$\frac{1}{3}$だから，30×30×$\frac{1}{3}$＝300(㎠)　　ＢＣ＝30 cmだから，ＡＢ＝300×２÷30＝20(cm)

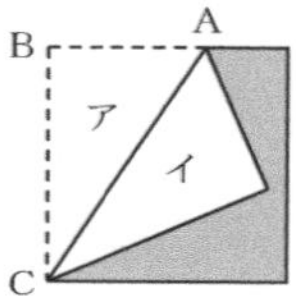

(7) 右のように記号をおく。ひし形の向かい合う角の大きさは等しいので，
角ＡＤＦ＝42°　　角ＦＤＣ＝90°－42°＝48°
ＡＤ＝ＤＦ，ＡＤ＝ＤＣより，三角形ＤＦＣはＤＦ＝ＤＣの二等辺三角形だから，
角ＤＣＦ＝(180°－48°)÷２＝66°　　あの角度は，90°－66°＝24°

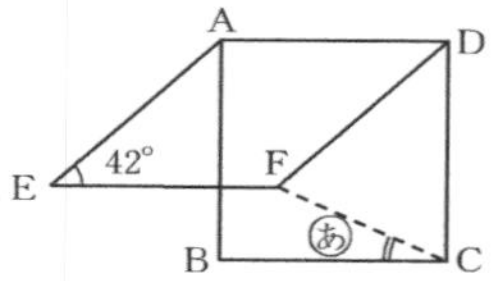

(8) **【解き方】ＡとＢは上と下の記号が正しい位置にあるから，ＡとＢが通る①，③，⑤，⑥，⑧は取り除かないで，Ｃ，Ｄ，Ｅの上と下の記号が正しい位置にくるように，線を取り除いていく。**
Ｃは何も取り除かないとＥの位置に進むが，⑦を取り除くことで正しい位置に進む。
⑦を取り除いた状態だと，ＤはＥの位置に進むが，②を取り除くことで正しい位置に進む。
②，⑦を取り除いた状態だと，Ｅは正しい位置に進む。よって，取り除く必要があるのは②，⑦である。

(9)　**【解き方】まりさんを除く 14 人の平均点を①として，14 人と 15 人の合計点の差を考える。**

14 人の合計点は①×14＝⑭である。15 人の平均点は①より 0.8 点高いから，15 人の合計点は，①×15＝⑮より 0.8×15＝12(点)高い。よって，14 人と 15 人の合計点の差は，⑮－⑭＝①より 12 点高い。

これがまりさんの得点である 84 点にあたるので，①は 84－12＝72(点)にあたる。

よって，15 人の平均点は，72＋0.8＝72.8(点)

3　(1)　4 分 40 秒＝(4×60＋40)秒＝280 秒で水は 30×280＝8400(cm³)入る。

図 1 の水が入っている部分の底面積は 20×20÷2＝200(cm²)だから，水面の高さは，8400÷200＝42(cm)

(2)　**【解き方】右図のように記号をおく。水が入っている部分は，底面を台形ＰＣＤＱとすると，高さがＡＤ＝50 cmの四角柱となるので，台形ＰＣＤＱの面積は，8400÷50＝168(cm²)である。三角形ＲＣＤと三角形ＲＰＱの面積の比から，ＰＣの長さを求める。**

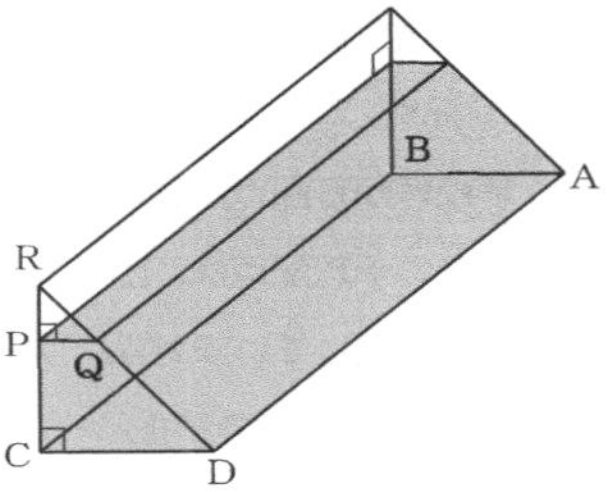

三角形ＲＣＤの面積は 20×20÷2＝200(cm²)だから，三角形ＲＰＱの面積は，200－168＝32(cm²)である。三角形ＲＣＤと三角形ＲＰＱは同じ形の三角形であり，面積の比は 200：32＝25：4＝(5×5)：(2×2)だから，対応する辺の長さの比は 5：2 である。

ＲＣ：ＲＰ＝5：2，ＲＣ：ＰＣ＝5：(5－2)＝5：3 なので，求める水面の高さは，ＰＣ＝20×$\frac{3}{5}$＝12(cm)

4　(1)　はるみさんが走っているときは，120－95＝25(分)で 10－6＝4(km)，つまり，4000m進んでいたので，求める速さは，分速(4000÷25)m＝分速 160mである。

(2)　**【解き方】つるかめ算を用いる。**

はるみさんは 50 分で 3 km＝3000mを歩くので，歩いているときの速さは，分速(3000÷50)m＝分速 60m

休憩《きゅうけい》は 10 分間なので，はるみさんの歩いた時間と走った時間の合計は，120－10＝110(分間)

Ａ地点からＢ地点は 10 km＝10000mなので，110 分間すべて走った場合，進んだ道のりは 160×110＝17600(m)となり，実際より 17600－10000＝7600(m)長い。走った 1 分間を歩いた 1 分間に置きかえると，進んだ道のりは 160－60＝100(m)短くなるから，歩いた時間は，7600÷100＝76(分間)

よって，休憩をした場所は，Ａ地点から 60×76＝4560(m)の地点である。

図 i

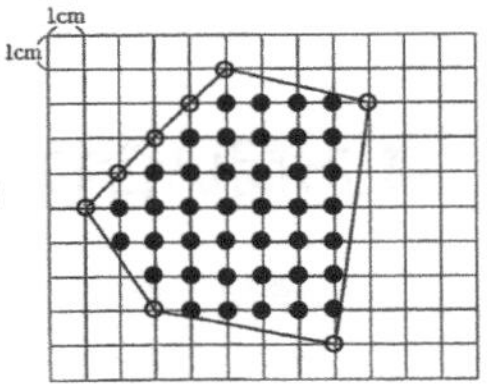

5　(1)　図 i のように，○の個数が 8 個，●の個数が 40 個なので，8÷2＋40－1＝43(cm²)

(2)　**【解き方】三角形ＤＥＦの面積から，三角形ＤＦＧの面積を求め，点Ｇの位置を考える。**

図 ii

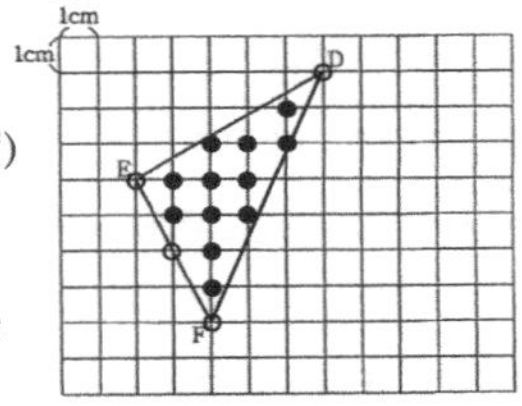

図 ii より，三角形ＤＥＦの面積は，4÷2＋12－1＝13(cm²)

よって，三角形ＤＦＧの面積は，36－13＝23(cm²)

ピックの定理を利用して，三角形ＤＦＧの面積が 23 cm²になるような点Ｇの場所を探す。例えば，図 iii のように右はしに点Ｇをおくと，三角形ＤＦＧの面積は，4÷2＋18－1＝19(cm²)となる。

ここから，点Ｇは下にいくほど面積が大きくなり，左にいくほど面積が小さくなる。

点Ｇの位置を移動させていくと，図 iv のように面積が 4÷2＋22－1＝23(cm²)となる点Ｇが見つかる。

図 iii

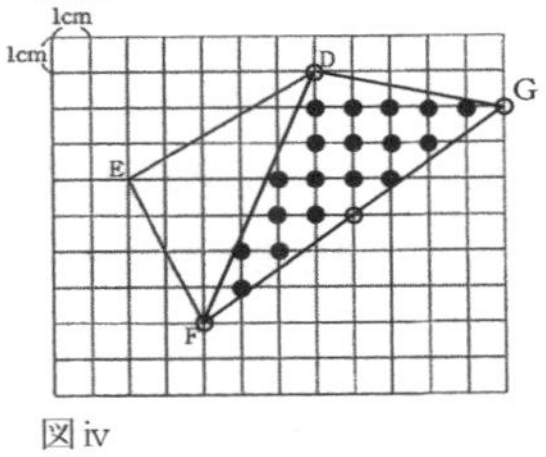

図 iv

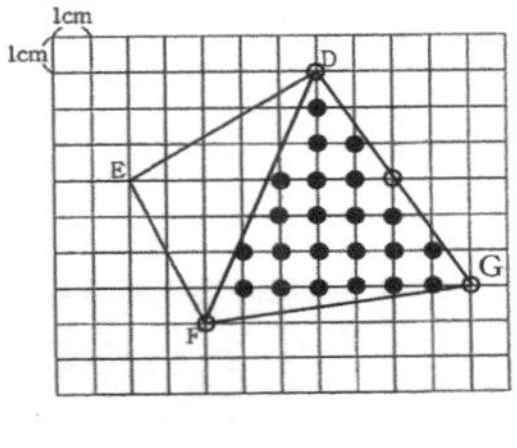

■ ご使用にあたってのお願い・ご注意

（1）問題文等の非掲載

著作権上の都合により，問題文や図表などの一部を掲載できない場合があります。

誠に申し訳ございませんが，ご了承くださいますようお願いいたします。

（2）過去問における時事性

過去問題集は，学習指導要領の改訂や社会状況の変化，新たな発見などにより，現在とは異なる表記や解説になっている場合があります。過去問の特性上，出題当時のままで出版していますので，あらかじめご了承ください。

（3）配点

学校等から配点が公表されている場合は，記載しています。公表されていない場合は，記載していません。

独自の予想配点は，出題者の意図と異なる場合があり，お客様が学習するうえで誤った判断をしてしまう恐れがあるため記載していません。

（4）無断複製等の禁止

購入された個人のお客様が，ご家庭でご自身またはご家族の学習のためにコピーをすることは可能ですが，それ以外の目的でコピー，スキャン，転載（ブログ，ＳＮＳなどでの公開を含みます）などをすることは法律により禁止されています。学校や学習塾などで，児童生徒のためにコピーをして使用することも法律により禁止されています。

ご不明な点や，違法な疑いのある行為を確認された場合は，弊社までご連絡ください。

（5）けがに注意

この問題集は針を外して使用します。針を外すときは，けがをしないように注意してください。また，表紙カバーや問題用紙の端で手指を傷つけないように十分注意してください。

（6）正誤

制作には万全を期しておりますが，万が一誤りなどがございましたら，弊社までご連絡ください。

なお，誤りが判明した場合は，弊社ウェブサイトの「ご購入者様のページ」に掲載しておりますので，そちらもご確認ください。

■ お問い合わせ

解答例，解説，印刷，製本など，問題集発行におけるすべての責任は弊社にあります。

ご不明な点がございましたら，弊社ウェブサイトの「お問い合わせ」フォームよりご連絡ください。迅速に対応いたしますが，営業日の都合で回答に数日を要する場合があります。

ご入力いただいたメールアドレス宛に自動返信メールをお送りしています。自動返信メールが届かない場合は，「よくある質問」の「メールの問い合わせに対し返信がありません。」の項目をご確認ください。

また弊社営業日（平日）は，午前９時から午後５時まで，電話でのお問い合わせも受け付けています。

2025 春

教英出版

株式会社教英出版
〒422-8054　静岡県静岡市駿河区南安倍３丁目 12-28
TEL　054-288-2131　　FAX　054-288-2133
URL　https://kyoei-syuppan.net/
MAIL siteform@kyoei-syuppan.net

教英出版の中学受験対策

中学受験面接の基本がここに！
知っておくべき面接試問の要領

面接試験に，落ち着いて自信をもってのぞむためには，あらかじめ十分な準備をしておく必要があります。面接の心得や，受験生と保護者それぞれへの試問例など，面接対策に必要な知識を１冊にまとめました。

- 面接の形式や評価のポイント，マナー，当日までの準備など，面接の基本をていねいに指南「面接はこわくない！」
- 書き込み式なので，質問例に対する自分の答えを整理して本番直前まで使える
- ウェブサイトで質問音声による面接のシミュレーションができる

定価：770円（本体700円+税）

入試テクニックシリーズ

必修編

基本をおさえて実力アップ！
1冊で入試の全範囲を学べる！
基礎力養成に最適！

こんな受験生には必修編がおすすめ！

- 入試レベルの問題を解きたい
- 学校の勉強とのちがいを知りたい
- 入試問題を解く基礎力を固めたい

定価：1,100円（本体1,000+税）

発展編

応用力強化で合格をつかむ！
有名私立中の問題で
最適な解き方を学べる！

こんな受験生には発展編がおすすめ！

- もっと難しい問題を解きたい
- 難関中学校をめざしている
- 子どもに難問の解法を教えたい

定価：1,760円（本体1,600+税）

絶賛販売中！

詳しくは教英出版で検索

教英出版　検索

URL https://kyoei-syuppan.net/

神奈川県

①[県立]相模原中等教育学校
　　　　平塚中等教育学校

②[市立]南高等学校附属中学校

③[市立]横浜サイエンスフロンティア高等学校附属中学校

④[市立]川崎高等学校附属中学校

✿⑤聖光学院中学校

✿⑥浅野中学校

⑦洗足学園中学校

⑧法政大学第二中学校

⑨逗子開成中学校（1次）

⑩逗子開成中学校（2·3次）

⑪神奈川大学附属中学校（第1回）

⑫神奈川大学附属中学校（第2·3回）

⑬栄光学園中学校

⑭フェリス女学院中学校

新潟県

①[県立]村上中等教育学校
　　　　柏崎翔洋中等教育学校
　　　　燕中等教育学校
　　　　津南中等教育学校
　　　　直江津中等教育学校
　　　　佐渡中等教育学校

②[市立]高志中等教育学校

③新潟第一中学校

④新潟明訓中学校

石川県

①[県立]金沢錦丘中学校

②星稜中学校

福井県

①[県立]高志中学校

山梨県

①山梨英和中学校

②山梨学院中学校

③駿台甲府中学校

長野県

①[県立]屋代高等学校附属中学校
　　　　諏訪清陵高等学校附属中学校

②[市立]長野中学校

岐阜県

①岐阜東中学校

②鶯谷中学校

③岐阜聖徳学園大学附属中学校

静岡県

①[国立]静岡大学教育学部附属中学校
　　　　（静岡·島田·浜松）

②[県立]清水南高等学校中等部
　[県立]浜松西高等学校中等部
　[市立]沼津高等学校中等部

③不二聖心女子学院中学校

④日本大学三島中学校

⑤加藤学園暁秀中学校

⑥星陵中学校

⑦東海大学付属静岡翔洋高等学校中等部

⑧静岡サレジオ中学校

⑨静岡英和女学院中学校

⑩静岡雙葉中学校

⑪静岡聖光学院中学校

⑫静岡学園中学校

⑬静岡大成中学校

⑭城南静岡中学校

⑮静岡北中学校

⑯常葉大学附属常葉中学校
　常葉大学附属橘中学校
　常葉大学附属菊川中学校

⑰藤枝明誠中学校

⑱浜松開誠館中学校

⑲静岡県西遠女子学園中学校

⑳浜松日体中学校

㉑浜松学芸中学校

愛知県

①[国立]愛知教育大学附属名古屋中学校

②愛知淑徳中学校

③名古屋経済大学市邨中学校
　名古屋経済大学高蔵中学校

④金城学院中学校

⑤椙山女学園中学校

⑥東海中学校

⑦南山中学校男子部

⑧南山中学校女子部

⑨聖霊中学校

⑩滝中学校

⑪名古屋中学校

⑫大成中学校

⑬愛知中学校

⑭星城中学校

⑮名古屋葵大学中学校
　（名古屋女子大学中学校）

⑯愛知工業大学名電中学校

⑰海陽中等教育学校（特別給費生）

⑱海陽中等教育学校（I·II）

⑲中部大学春日丘中学校

新刊⑳名古屋国際中学校

三重県

①[国立]三重大学教育学部附属中学校

②暁中学校

③海星中学校

④四日市メリノール学院中学校

⑤高田中学校

⑥セントヨゼフ女子学園中学校

⑦三重中学校

⑧皇學館中学校

⑨鈴鹿中等教育学校

⑩津田学園中学校

滋賀県

①[国立]滋賀大学教育学部附属中学校

②[県立]河瀬中学校
　　　　守山中学校
　　　　水口東中学校

京都府

①[国立]京都教育大学附属桃山中学校

②[府立]洛北高等学校附属中学校

③[府立]園部高等学校附属中学校

④[府立]福知山高等学校附属中学校

⑤[府立]南陽高等学校附属中学校

⑥[市立]西京高等学校附属中学校

⑦同志社中学校

⑧洛星中学校

⑨洛南高等学校附属中学校

⑩立命館中学校

⑪同志社国際中学校

⑫同志社女子中学校（前期日程）

⑬同志社女子中学校（後期日程）

大阪府

①[国立]大阪教育大学附属天王寺中学校

②[国立]大阪教育大学附属平野中学校

③[国立]大阪教育大学附属池田中学校

- ④[府立]富田林中学校
- ⑤[府立]咲くやこの花中学校
- ⑥[府立]水都国際中学校
- ⑦清風中学校
- ⑧高槻中学校（A日程）
- ⑨高槻中学校（B日程）
- ⑩明星中学校
- ⑪大阪女学院中学校
- ⑫大谷中学校
- ⑬四天王寺中学校
- ⑭帝塚山学院中学校
- ⑮大阪国際中学校
- ⑯大阪桐蔭中学校
- ⑰開明中学校
- ⑱関西大学第一中学校
- ⑲近畿大学附属中学校
- ⑳金蘭千里中学校
- ㉑金光八尾中学校
- ㉒清風南海中学校
- ㉓帝塚山学院泉ヶ丘中学校
- ㉔同志社香里中学校
- ㉕初芝立命館中学校
- ㉖関西大学中等部
- ㉗大阪星光学院中学校

兵庫県

- ①[国立]神戸大学附属中等教育学校
- ②[県立]兵庫県立大学附属中学校
- ③雲雀丘学園中学校
- ④関西学院中学部
- ⑤神戸女学院中学部
- ⑥甲陽学院中学校
- ⑦甲南中学校
- ⑧甲南女子中学校
- ⑨灘中学校
- ⑩親和中学校
- ⑪神戸海星女子学院中学校
- ⑫滝川中学校
- ⑬啓明学院中学校
- ⑭三田学園中学校
- ⑮淳心学院中学校
- ⑯仁川学院中学校
- ⑰六甲学院中学校
- ⑱須磨学園中学校(第1回入試)
- ⑲須磨学園中学校(第2回入試)
- ⑳須磨学園中学校(第3回入試)
- ㉑白陵中学校
- ㉒夙川中学校

奈良県

- ①[国立]奈良女子大学附属中等教育学校
- ②[国立]奈良教育大学附属中学校
- ③[県立]
  - 国際中学校
  - 青翔中学校
- ④[市立]一条高等学校附属中学校
- ⑤帝塚山中学校
- ⑥東大寺学園中学校
- ⑦奈良学園中学校
- ⑧西大和学園中学校

和歌山県

- ①[県立]
  - 古佐田丘中学校
  - 向陽中学校
  - 桐蔭中学校
  - 日高高等学校附属中学校
  - 田辺中学校
- ②智辯学園和歌山中学校
- ③近畿大学附属和歌山中学校
- ④開智中学校

岡山県

- ①[県立]岡山操山中学校
- ②[県立]倉敷天城中学校
- ③[県立]岡山大安寺中等教育学校
- ④[県立]津山中学校
- ⑤岡山中学校
- ⑥清心中学校
- ⑦岡山白陵中学校
- ⑧金光学園中学校
- ⑨就実中学校
- ⑩岡山理科大学附属中学校
- ⑪山陽学園中学校

広島県

- ①[国立]広島大学附属中学校
- ②[国立]広島大学附属福山中学校
- ③[県立]広島中学校
- ④[県立]三次中学校
- ⑤[県立]広島叡智学園中学校
- ⑥[市立]広島中等教育学校
- ⑦[市立]福山中学校
- ⑧広島学院中学校
- ⑨広島女学院中学校
- ⑩修道中学校
- ⑪崇徳中学校
- ⑫比治山女子中学校
- ⑬福山暁の星女子中学校
- ⑭安田女子中学校
- ⑮広島なぎさ中学校
- ⑯広島城北中学校
- ⑰近畿大学附属広島中学校福山校
- ⑱盈進中学校
- ⑲如水館中学校
- ⑳ノートルダム清心中学校
- ㉑銀河学院中学校
- ㉒近畿大学附属広島中学校東広島校
- ㉓AICJ中学校
- ㉔広島国際学院中学校
- ㉕広島修道大学ひろしま協創中学校

山口県

- ①[県立]
  - 下関中等教育学校
  - 高森みどり中学校
- ②野田学園中学校

徳島県

- ①[県立]
  - 富岡東中学校
  - 川島中学校
  - 城ノ内中等教育学校
- ②徳島文理中学校

香川県

- ①大手前丸亀中学校
- ②香川誠陵中学校

愛媛県

- ①[県立]
  - 今治東中等教育学校
  - 松山西中等教育学校
- ②愛光中学校
- ③済美平成中等教育学校
- ④新田青雲中等教育学校

高知県

- ①[県立]
  - 安芸中学校
  - 高知国際中学校
  - 中村中学校

福岡県

①[国立] 福岡教育大学附属中学校（福岡・小倉・久留米）

②[県立]
- 育徳館中学校
- 門司学園中学校
- 宗像中学校
- 嘉穂高等学校附属中学校
- 輝翔館中等教育学校

③西南学院中学校
④上智福岡中学校
⑤福岡女学院中学校
⑥福岡雙葉中学校
⑦照曜館中学校
⑧筑紫女学園中学校
⑨敬愛中学校
⑩久留米大学附設中学校
⑪飯塚日新館中学校
⑫明治学園中学校
⑬小倉日新館中学校
⑭久留米信愛中学校
⑮中村学園女子中学校
⑯福岡大学附属大濠中学校
⑰筑陽学園中学校
⑱九州国際大学付属中学校
⑲博多女子中学校
⑳東福岡自彊館中学校
㉑八女学院中学校

佐賀県

①[県立]
- 香楠中学校
- 致遠館中学校
- 唐津東中学校
- 武雄青陵中学校

②弘学館中学校
③東明館中学校
④佐賀清和中学校
⑤成穎中学校
⑥早稲田佐賀中学校

長崎県

①[県立]
- 長崎東中学校
- 佐世保北中学校
- 諫早高等学校附属中学校

②青雲中学校
③長崎南山中学校
④長崎日本大学中学校
⑤海星中学校

熊本県

①[県立]
- 玉名高等学校附属中学校
- 宇土中学校
- 八代中学校

②真和中学校
③九州学院中学校
④ルーテル学院中学校
⑤熊本信愛女学院中学校
⑥熊本マリスト学園中学校
⑦熊本学園大学付属中学校

大分県

①[県立]大分豊府中学校
②岩田中学校

宮崎県

①[県立]五ヶ瀬中等教育学校

②[県立]
- 宮崎西高等学校附属中学校
- 都城泉ヶ丘高等学校附属中学校

③宮崎日本大学中学校
④日向学院中学校
⑤宮崎第一中学校

鹿児島県

①[県立]楠隼中学校
②[市立]鹿児島玉龍中学校
③鹿児島修学館中学校
④ラ・サール中学校
⑤志學館中等部

沖縄県

①[県立]
- 与勝緑が丘中学校
- 開邦中学校
- 球陽中学校
- 名護高等学校附属桜中学校

もっと過去問シリーズ

北海道

北嶺中学校
7年分（算数・理科・社会）

静岡県

静岡大学教育学部附属中学校
（静岡・島田・浜松）
10年分（算数）

愛知県

愛知淑徳中学校
7年分（算数・理科・社会）
東海中学校
7年分（算数・理科・社会）
南山中学校男子部
7年分（算数・理科・社会）
南山中学校女子部
7年分（算数・理科・社会）
滝中学校
7年分（算数・理科・社会）
名古屋中学校
7年分（算数・理科・社会）

岡山県

岡山白陵中学校
7年分（算数・理科）

広島県

広島大学附属中学校
7年分（算数・理科・社会）
広島大学附属福山中学校
7年分（算数・理科・社会）
広島学院中学校
7年分（算数・理科・社会）
広島女学院中学校
7年分（算数・理科・社会）
修道中学校
7年分（算数・理科・社会）
ノートルダム清心中学校
7年分（算数・理科・社会）

愛媛県

愛光中学校
7年分（算数・理科・社会）

福岡県

福岡教育大学附属中学校
（福岡・小倉・久留米）
7年分（算数・理科・社会）
西南学院中学校
7年分（算数・理科・社会）
久留米大学附設中学校
7年分（算数・理科・社会）
福岡大学附属大濠中学校
7年分（算数・理科・社会）

佐賀県

早稲田佐賀中学校
7年分（算数・理科・社会）

長崎県

青雲中学校
7年分（算数・理科・社会）

鹿児島県

ラ・サール中学校
7年分（算数・理科・社会）

※もっと過去問シリーズは
国語の収録はありません。

教英出版
〒422-8054
静岡県静岡市駿河区南安倍3丁目12－28
TEL 054-288-2131
FAX 054-288-2133
詳しくは教英出版で検索
教英出版 検索
URL https://kyoei-syuppan.net/

令和6年度　皇學館中学校　入学試験問題（A日程）

国語（その一）

（解答時間は50分）

注意　…　字数を指定している問題は、すべて句読点を含みます。

〔一〕次の文章を読んであとの問いに答えなさい。（ただし、出題の都合上、文章中の表現を改変した部分があります。）

今年の夏も暑かった。

冷房の室内と外の暑さの間をいったりきたりして帰路につくのだが、最後に家の前でまたどっと汗《あせ》ばむ。水を大切に、省《しょう》A資源、とは思っても、やっぱりシャワーで汗を流さずにはいられない。

シャワーのコックをひねり、一瞬気分がやすらぐと、シャワーにまつわるいろいろなことを突然に思いだす。

人間とはヘンなもので、妙《みょう》なことだけは憶《おぼ》えているものだ。大切なことはたいてい忘れてしまっているくせに、およそ役に立たぬ※ディテールだけはちゃんと記憶に残っている。

たとえば、日本と同じくらい暑かったボルネオのサバ州でのこと。そこは赤道にかなり近いのだが、気温はせいぜい三十度ほどである。日本のように三十五度になったりはしない。ある夕方、現地の人たちとテレビのニュースを見ていた。ニュースの終わりのほうでアナウンサーがこういった——「今日午後、日本の東京では気温が三十七度を越えました」。①とたんに現地の人々はいっせいに叫《さけ》んだ。「えーっ、三十七度？あんたたちそんなところでよく生きているなあ」。

けれど湿度《しつど》は日本よりB格段に高い。九十パーセントなどざらである。［X］洗濯物も乾かないし、ぼくらはやたらに汗をかく。

夕方、仕事から帰ってきたら、シャワーは不可欠だ。もちろんお湯ではなく水である。

ところが熱帯では、夕方の六時半ごろ日が落ちたら、（　Ⅰ　）気温が下がる。コタキナバルなどという大都市はべつにして、田舎《いなか》では夜は涼《すず》しい。日本では暑くて寝苦しい夜を「熱帯夜」と呼ぶが、あれは熱帯に対して失礼である。熱帯の夜は涼しいのだ。

そのひんやりした夕方に、水のシャワーは冷たかった。ああ、暑い、早く水を浴びたい、というついさっきまでの思いもどこへやら、シャワーもそこそこに切りあげてしまうのがつねだった。冬になったらどうするんだろうと案じながら。

でもそれは要《い》らぬ心配であった。熱帯には冬はないのである。

日本ではシャワーはたいてい風呂《ふろ》場にある。けれど西洋には風呂場というものはない。その上、シャワーはふつう固定である。コックをひねると、水はそこらじゅうに飛び散る。そして※バスタブの外までビシャビシャになる。ヨーロッパの安宿に泊まると、それがいつも悩みのたねだ。

（中略）

かつてぼくの家にシャワーをつけたとき、ぼくはC当然、可動式、つまりホースの先にシャワー口のついた、自由に動かせるものにした。［Y］ぼくの家に遊びにきたスリランカ人の留学生はそれを見るなりこういった——「なぜ固定にしなかったんですか？」。万事がイギリス流のスリランカでは、それが「当然」だったのである。②どうやら文化や伝統というものは、直接には「便利さ」と関係がないものらしい。むしろ「便利さ」は、その使いかたによるのであって、それも含めて文化が成り立っているのだろう。

フランスで「新式」のシャワーを自慢していた人もいた。「昔のみたいに、二つのコックでお湯と水を調整するのでなく、この一つのコックをまわしていけば、だんだん熱いのが出るようになっているんだ」。

ところがそれは（　Ⅱ　）ものだった。コックをひねるには、固定式のシャワーの下に立たねばならない。そしてコックをひねると、まず水が出る。急いでコックを右にまわすと、たしかにだんだんお湯になっていく。けれどしばらくは冷たいのをじっとがまんしていなくてはならない。それはちょうど真冬だったので、これにはかなりの辛抱《しんぼう》が必要だった。そして浴びおわって最後にコックをしめるとき、水はふたたび冷水になってから停《と》まるのであった。

ご自慢の主人にこのことを話したら、こういわれた——「最後に冷たい水を浴びるのが健康に良いのだ」。

こんな（　Ⅲ　）「シャワーでの思索《しさく》」のとき、いつも疑問に思うのは、どうやら日本人はシャワーというものを［Z］らしい、それはなぜだろうか？　ということである。

そもそも「シャワー」という概念《がいねん》がないらしい。シャワー（shower）とは元来「にわか雨」とか「驟雨《しゅうう》」のことである。こ

国語（その二）

れにあたる語はほかのヨーロッパ語にもあるが、日本語では「雨」という字がついていて、雨の一形態という概念になっている。しかし shower は shower rain ではなく、一つの独立した単語である。

日本では古来、滝に打たれる修行《しゅぎょう》がおこなわれてきた。だから、上から降ってくる水を浴びて、身や心をD清めるという思いも行為も存在していたのである。けれど、水を引いてきて細かい穴をもった口につなぎ、雨のように降らせてそれを浴びる、つまりいわゆるシャワー式のものは、ついに発明しなかったように思われるのだ。

ちゃんと調べてみたわけではないから、これは（　Ⅳ　）ぼくの印象にすぎないが、同じように湿度が高くて、毎日のように水浴び（マンディーなど）をする東南アジアでも、シャワーは発明していないようにみえる。タイの風呂場ではそのための専用の仕切りがあり、そこに水を貯《た》めておく。そして手桶《ておけ》でその水を汲《く》んで体にザアーッとかけるようになっていた。

西洋式のシャワーの起源も調べてはいないが、③シャワーの発明は昔から興味のある問題であった。

（日高敏隆「春の数えかた」新潮文庫刊より）

〔注〕※ディテール…くわしいことや細かいこと。
※バスタブ…浴槽《よくそう》、または湯船《ゆぶね》。中に水か湯を入れ、入浴する際に用いる。

問1　══部A～Dの漢字の読みをそれぞれひらがなで答えなさい。

問2　空欄《くうらん》（　Ⅰ　）～（　Ⅳ　）に最も適する言葉を、次のア～オからそれぞれ選び、記号で答えなさい。

ア　あくまで　　イ　とんでもない　　ウ　たちまちにして　　エ　とりとめもない　　オ　かろうじて

問3　空欄[X]、[Y]に最も適する言葉を、次のア～オからそれぞれ選び、記号で答えなさい。

ア　あるいは　　イ　さて　　ウ　ところが　　エ　なぜなら　　オ　だから

問4　――部①「とたんに現地の人々はいっせいに叫《さけ》んだ」とありますが、その理由として最も適切なものを次のア～エから選び、記号で答えなさい。

ア　遠く離れた東京が、熱帯である現地と同じほどに暑いとは思ってもみなかったから。
イ　東京は開発が進んでいて、至るところで冷房が効《き》いていると思いこんでいたから。
ウ　ふだんは現地のニュースばかりで、東京の情報にふれる機会があまりなかったから。
エ　熱帯ではない東京が、現地よりも高い気温に達していることを知っておどろいたから。

問5　――部②「どうやら文化や伝統というものは、直接には「便利さ」と関係がないものらしい」とありますが、この内容を説明した次の文中の空欄（　a　）、（　b　）に適する言葉を本文中からそれぞれ五字以内で抜き出して答えなさい。

《筆者にとっては（　a　）のシャワーのほうが便利だと思われるが、万事がイギリス流のスリランカ人の留学生にとっては、伝統的な（　b　）のシャワーを使うことがあたりまえだと考えている。》

問6　空欄[Z]に最も適する表現を、空欄[Z]よりもあとの本文中から七字で抜き出して答えなさい。

問7　――部③「シャワーの発明は昔から興味のある問題であった」とありますが、筆者は「シャワーの発明」について考えるうえで、日本におけるどのような事例に注目していますか。本文中の言葉を使って五十字以内で説明しなさい。

〔二〕 次の文章を読んであとの問いに答えなさい。(ただし、出題の都合上、文章中の表現を改変した部分があります。)

やっと、茶筅《ちゃせん》(抹茶《まっちゃ》をたてる時、茶をかき回すための道具。)で茶をかき混ぜる時がきて、少しホッとした。

(いくらなんでも、茶筅でかき混ぜる時くらいは、自由にさせてくれるだろう)

①私は張り切って、茶筅をシャカシャカシャカシャカ細かく振った。

「あ、あまり泡《あわ》をたてないのよ」

「え?」

意外だった。だって、抹茶といえば、カプチーノのようにクリーミーに泡立っているではないか。

「細かい泡をこんもりたてる流派もあるんですけど、うちは、あまり泡はたてないの。泡がきれて、三日月形に、水面《みなも》が見えるように点《た》てなさい、っていうのよ」

先の広がった茶筅で、いったいどうやって、泡に覆《おお》われた水面に「三日月形」を残すというのだろう? まるで、剣豪《けんごう》小説に出てくる達人の「技」ではないか。

「武田のおばさん」が十五分ほどでやったお点前《てまえ》に、私は一時間以上もかかった。もっとも、自分ではその倍に感じたほどだった。水屋の床に、足を投げ出し、しびれきった指を折り曲げて、(　Ⅰ　)来るむず痒《がゆ》さにのたうっていると、

「これも慣れなのよ。いまに何時間でも平気で正座できるようになるわよ」

何時間もなんて、とても信じられなかった。

そのとき「武田のおばさん」が言った。

「②典子ちゃん、どう? 今やったこと、どのくらい覚えてるか、お点前もういっぺん、通してやってごらんなさいな」

「……」

足はまだ(　Ⅰ　)しているけれど、「どのくらい覚えているか」と言われると、対抗心が(　Ⅱ　)頭をもたげた。学校の成績は、まあまあだった。記憶力は悪くないつもりだ。運動神経は鈍《にぶ》いけど、代わりに、手先は器用だとよく言われた。

(「お茶」なんて、たかが、カビくさい稽古事《けいこごと》でしょ。そんなのチョロいわよ。結構デキるところを見せて、「武田のおばさん」から「あら、あなた、結構スジがいいじゃない」って、A一目置かれよう)

そんな欲もちょっとあった。

「はい、もう一回、やってみます」

ところが……。

歩けない。どこに座ればいいのかわからない。どっちの手を出せばいいのかわからない。何を持つのか、どう持つのか……。

手も足も出ないのだ。

できることなど、一つもなかった。ついさっきやったばかりのことなのに、何一つ残っていなかった。

(ほら、できないでしょ? これもできないでしょ?)

一つ一つ、念を押されているみたいだった。一から十まで指示されて、[X]のように動くしかなかった。

「カビくさい稽古事」と、B高をくくっていたくせに……。なにが「スジがいい」だ……。

「チョロい」はずのものに、まるで歯がたたなかった。学校の成績も、今までの知識も常識も、ここでは一切《いっさい》通用しなかった。

「そんなにすぐ覚えられたら大変よ」

慰《なぐさ》めるような口調で微笑《ほほえ》んだ「武田のおばさん」の、(　Ⅲ　)した着物姿が、なんだか手の届かない遠くに見えた。

(いつかこの人のように、流れるようなお点前ができる日が、来るのだろうか?)

③その時から、「武田のおばさん」は「武田先生」になった。

そして、私の目からウロコが一枚、(　Ⅳ　)落ちた。

(高をくくってはいけない。ゼロになって、習わなければ……)

ものを習うということは、相手の前に、何も知らない「ゼロ」の自分を開くことなのだ。それなのに、私はなんて邪魔なものを持ってここにいるのだろう。心のどこかで、「こんなこと簡単よ」「私はデキるわ」と[Y]いた。私はなんて慢心していたんだろう。

つまらないプライドなど、邪魔なお荷物でしかないのだ。荷物を捨て、からっぽになることだ。からっぽにならなければ、何も入ってこない。

(気持ちを入れかえて出直さなくてはいけない)

心から思った。

「④私は、何も知らないのだ……」

(森下典子「日日是好日―「お茶」が教えてくれた15のしあわせ」新潮文庫刊より)

国語（その四）

問1　空欄（Ⅰ）～（Ⅳ）に入る言葉の組み合わせとして、最も適するものを、次のア～エから選び、記号で答えなさい。

ア　Ⅰ　じんじん　Ⅱ　ワクワク　Ⅲ　パリッと　Ⅳ　ハラハラと
イ　Ⅰ　ぐんぐん　Ⅱ　ムクムク　Ⅲ　カリッと　Ⅳ　スーッと
ウ　Ⅰ　じんじん　Ⅱ　ムクムク　Ⅲ　キリッと　Ⅳ　ポロリと
エ　Ⅰ　ぐんぐん　Ⅱ　ワクワク　Ⅲ　サクッと　Ⅳ　コツンと

問2　〰〰部A、Bの意味として最も適するものを、次のア～エからそれぞれ選び、記号で答えなさい。

A　一目置かれよう
ア　さらにかわいがってもらおう
イ　反抗心をかき立てよう
ウ　少し驚かせてやろう
エ　優れた点を認めてもらおう

B　高をくくって
ア　大したことはないと見くびって
イ　用心深く落ち着いて
ウ　できれば関わりたくないと思って
エ　興味を感じることができないで

問3　空欄 X 、 Y に最も適する言葉を、次のア～エからそれぞれ選び、記号で答えなさい。

X …ア　紙飛行機　イ　操り人形　ウ　豆《まめ》つぶ　エ　金魚
Y …ア　願をかけて　イ　腰を据《す》えて　ウ　首を長くして　エ　斜《しゃ》に構えて

問4　――部①「私は張り切って、茶筅をシャカシャカシャカシャカシャカ細かく振った」とありますが、それはなぜですか。その理由を本文の表現を使って答えなさい。

問5　――部②「典子ちゃん、どう？　今やったこと、どのくらい覚えてるか、お点前もういっぺん、通してやってごらんなさいな」とありますが、これを聞いた「私（典子）」は、どのような心情だったと考えられますか。最も適切なものを次のア～エから選び、記号で答えなさい。

ア　「お茶」の作法の事細かさにうんざりして、今後、もう二度とお点前をしたくないという気持ち。
イ　自分が持ち合わせている能力を発揮し、「武田のおばさん」を少し見返してやろうという気持ち。
ウ　「お茶」という営みに意義は感じないが、一つの区切りとしてお点前をつとめようという気持ち。
エ　自分がこれまで長年積み上げてきた「お茶」の修行のすべてを出し切ろうと、覚悟を決めた気持ち。

問6　――部③「その時から、「武田のおばさん」は「武田先生」になった」とありますが、なぜ「武田のおばさん」から「武田先生」へと呼び方が変わったのですか。本文の内容をふまえてわかりやすく答えなさい。

問7　――部④「私は、何も知らないのだ……」とありますが、このときの「私」の思いを五十字以内で説明しなさい。

国語（その五）

〔三〕次の問いにそれぞれ答えなさい。

問1　次の①～③の――部について、それぞれ漢字に直して書きなさい。

①　人気のあるエイガ。　②　衣類をシュウノウする。　③　二人はタイショウ的な性格だ。

問2　次の①～②の四字熟語があとの【意味】をあらわすように、共通して使われる漢字一字をそれぞれ答えなさい。

①　以（　）伝（　）…【意味】口に出して言わなくても気持ちが通じること。

②　（　）理（　）論…【意味】現実性のない理論。

問3　次の①～③の各組の熟語ア～エのうち、組み立てが他と異なるものを、それぞれ一つずつ選び、記号で答えなさい。

①　ア　激走　イ　再会　ウ　予報　エ　意思

②　ア　望遠　イ　厳封　ウ　離陸　エ　開業

③　ア　平等　イ　創造　ウ　直行　エ　豊富

問4　次の①～③の文の――部のことばの意味に最も近いものを、あとのア～オからそれぞれ一つずつ選び、記号で答えなさい。

①　あれではまるで月とすっぽんだね。

②　惜《お》しいけれど帯に短したすきに長しだ。

③　かれらはライバルとしてしのぎをけずる間柄《あいだがら》だ。

ア　中途半端《はんぱ》で役に立たないこと。

イ　保証すること。

ウ　比較できないほどへだたっていること。

エ　激しく競い合うこと。

オ　むだ話で時間をつぶしてなまけること。

問5　次のア～エの作品のうち、成立した時代が他と異なるものを一つ選び、記号で答えなさい。

ア　『竹取物語』　イ　『土佐日記』　ウ　『古事記』　エ　『枕草子』

問6　次の①～④の作者の作品として適するものを、あとのア～オからそれぞれ一つずつ選び、記号で答えなさい。

①　夏目漱石　②　宮沢賢治　③　太宰治　④　樋口一葉

ア　銀河鉄道の夜　イ　蜘蛛《くも》の糸　ウ　走れメロス

エ　吾輩は猫である　オ　たけくらべ

問7　次のア～エの俳句のうち、季語のあらわす季節が他と異なるものを一つ選び、記号で答えなさい。

ア　金亀子《こがねむし》擲《なげう》つ闇《やみ》の深さかな

イ　とどまればあたりにふゆる蜻蛉《とんぼ》かな

ウ　雀《すずめ》らも海かけて飛べ吹流《ふきなが》し

エ　かたつむり甲斐《かい》も信濃《しなの》も雨のなか

問8　次に挙げる和歌の〈上《かみ》の句〉に続く〈下《しも》の句〉として適するものを、あとのア～エから一つ選び、記号で答えなさい。

〈上の句〉：　大江山　いく野の道の　遠ければ

ア　富士のたかねに　雪は降りつつ
イ　知るも知らぬも　あふ坂の関
ウ　名こそ流れて　なほ聞こえけれ
エ　まだふみも見ず　天の橋立

問9　次のア～エの――部のうち、他と用法が異なるものを一つ選び、記号で答えなさい。

ア　明日は担任の先生が来られる予定だ。
イ　ふと昔のことが思い出される。
ウ　何も心配されることはありません。
エ　応募を希望される方がたくさんあった。

問10　次のア～エのうち、言葉づかいとして適切でないものを一つ選び、記号で答えなさい。

ア　おそらくそれは何かの思い違いだろう。
イ　もし天候が回復すれば、運動会は開催します。
ウ　健康状態はまったく問題ないと思っています。
エ　幸運にも成功するとはまさか予想通りだった。

令和6年度　皇學館中学校　入学試験問題（A日程）　〔算数〕その1

時間は50分間です。

1　次の問いに答えなさい。

(1) 次の計算をしなさい。

① $56.5-37.26$　　② $12\div(5\times3-11)$　　③ $3\frac{1}{2}-2\frac{7}{10}+\frac{1}{5}$

④ $45\times\left(\frac{2}{5}-\frac{1}{3}\right)+54\times\left(\frac{13}{27}-\frac{4}{9}\right)$　　⑤ $0.8\times26+\frac{4}{5}\times3-0.8\times9$

(2) 次の□，○にあてはまる数を答えなさい。

① ある数に $\frac{2}{3}$ をかけるはずが，まちがえて $\frac{2}{3}$ の逆数をかけてしまい，答えが $\frac{5}{6}$ になりました。ある数は□で，正しい答えは○です。

② 1から17までの整数のなかで，約数の個数が最も多い整数は□です。

③ 次のデータは，ある学校で行われた算数のテストの6人の点数です。6人の平均値は□で，中央値は○です。

64　41　58　74　85　65　（点）

④ 太郎さんと花子さんの身長の比は21：19で，太郎さんの方が16cm高いです。
太郎さんの身長は○cmです。

2　次の問いに答えなさい。

(1) 次の（ア）～（エ）の文章を読んで，y が x に反比例するものを1つ選び，記号で答えなさい。

（ア）縦の長さが x cmで，横の長さが3cmの長方形の面積 y cm²

（イ）1本50円の鉛筆を x 本と，70円の消しゴムを1個買ったときの合計金額 y 円

（ウ）深さが30cmの水そうに水をいっぱい入れるときの，1分あたりに入る水の深さ x cmと，水を入れる時間 y 分

（エ）半径が x cmの円周の長さ y cm

(2) 1，2，3，4の4枚のカードのうちの3枚を選んで，3けたの整数をつくります。このとき，3けたの整数は全部で何通りできますか。

(3) 右の図において，中心が点Oの半円がある。
また，ABとCDは平行です。
このとき，角あの大きさは何度ですか。

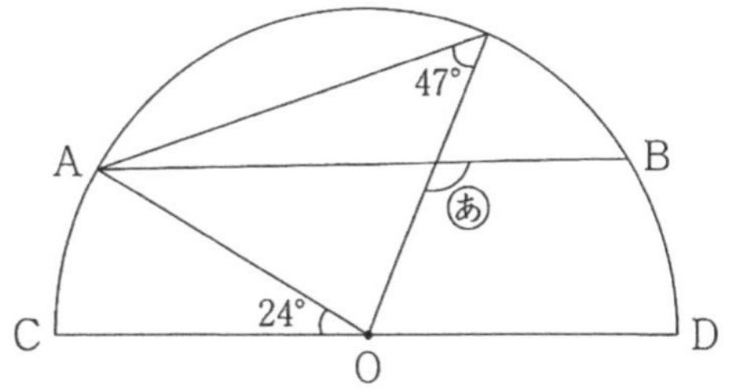

(4) 下の図のように，1辺が3cmの正方形の折り紙を，のりしろで1cmずつ重ねてはりつけます。この折り紙を2024枚はりつけたときの，横の長さは何cmですか。

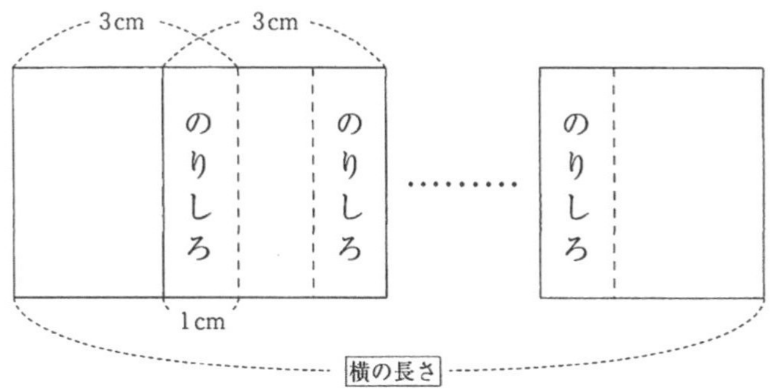

(5) 3つの円が組み合わされている下の図において，半径は小さい順に4cm，6cm，8cmです。色のついた部分の面積は何cm²ですか。ただし，円周率は3.14とします。

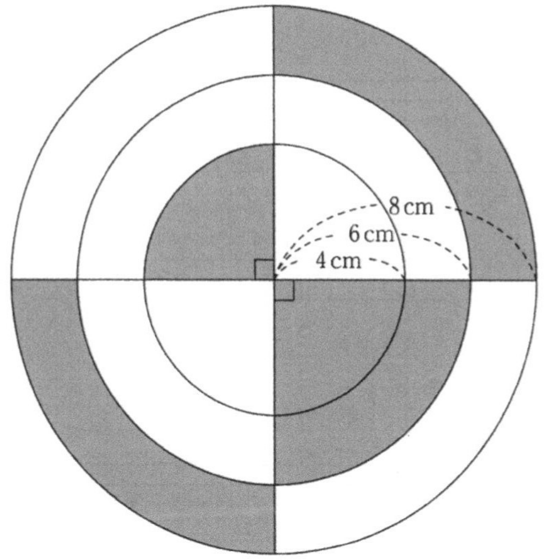

(6) A町とB町は3.6kmはなれています。太郎さんはA町から分速62mでB町に向かって歩きだし，それと同時に，花子さんはB町から分速58mでA町に向かって歩きだしました。太郎さんと花子さんが出会うのは何分後ですか。また，この2人が出会うのは，A町から何m地点ですか。

(7) 原価2000円の品物に，3割の利益を見こんで定価をつけましたが，売れなかったので，定価の2割引きで売りました。利益は何円ですか。

(8) 時計の針が5時40分を指すとき，長針と短針のつくる小さい方の角度は何度ですか。

3 太郎さんと花子さんは，学校の運動会で，リレー大会をするために，自分たちで運動場にラインを引いて，レーンをつくりたいと考えています。次の太郎さんと花子さんの２人の会話文を読んで，[ア]は「長く」または「短く」のどちらかで答えなさい。また，[イ]から[エ]には，あてはまる数を答えなさい。

太郎さん：運動会のリレー大会楽しみだね！
花子さん：そうだね！ラインをきれいに引きたいね。どうすればいいかな？
太郎さん：下の図のようにラインを引いて，２つのレーンをつくろう。
花子さん：まっすぐな部分と半円を組み合わせてつくれそうだね。
太郎さん：それぞれのレーンのはばは１m，まっすぐな部分は50m，一番内側の半円の半径は16mにして，ラインを引いてみよう。

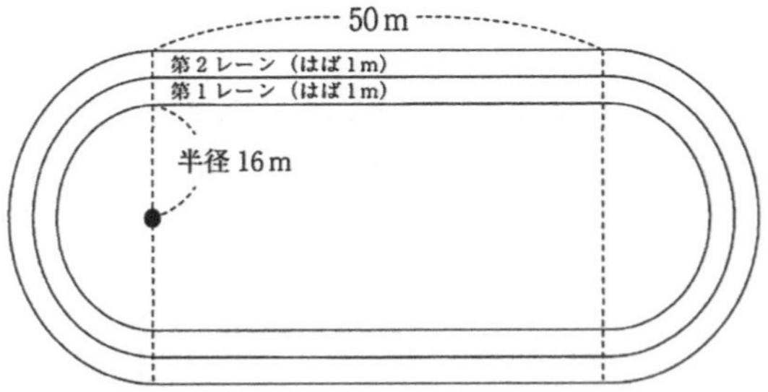

花子さん：きれいに引けたね。あとはスタート地点のラインを引けばいいね。下の図のようにラインを引けばいいかな？

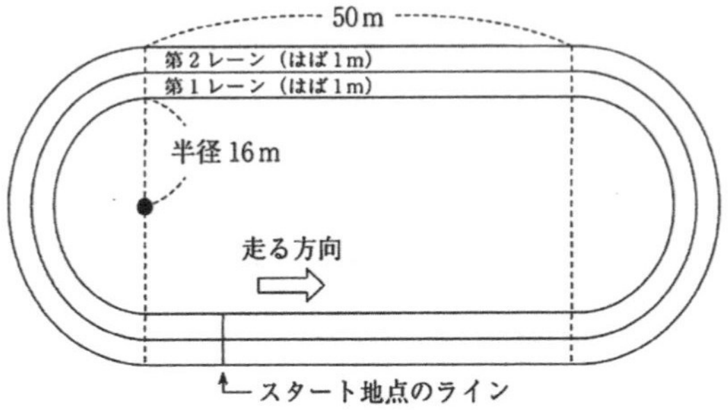

太郎さん：そのようにラインを引いてしまうと，スタート地点のラインから，それぞれのレーンを１周走るときに，第２レーンを走るときの道のりが，第１レーンを走るときの道のりより[ア]なってしまうよね？
花子さん：そうだね。第２レーンを走るときの道のりと，第１レーンを走るときの道のりを同じにするためにはどうしたらいいかな？
太郎さん：まずは，スタート地点のラインからそれぞれのレーンを１周走るときの道のりを計算してみよう。道のりは，各レーンの内側のラインの長さとし，円周率は3.14として計算すると，第１レーンを走るときの道のりは[イ]m，第２レーンを走るときの道のりは[ウ]mになるね。
花子さん：道のりのちがいは[エ]mだから，第２レーンのスタート地点のラインを第１レーンのスタート地点のラインよりも，[エ]mだけ前に引けばいいね。

4 右の図のような直方体を組み合わせた形の空の水そうがあります。この水そうにA管とB管から同時にそれぞれ一定の割合での水を入れていきます。このとき，次の問いに答えなさい。ただし，水そうの厚さは考えないものとする。

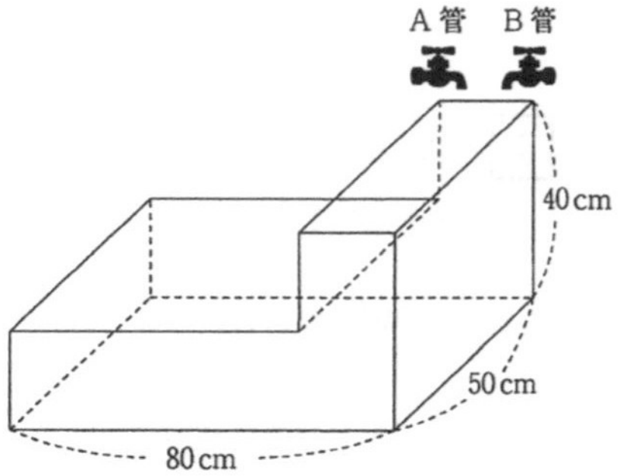

(1) 水を入れる時間と水の深さの変わり方を表すグラフを①～③から選びなさい。

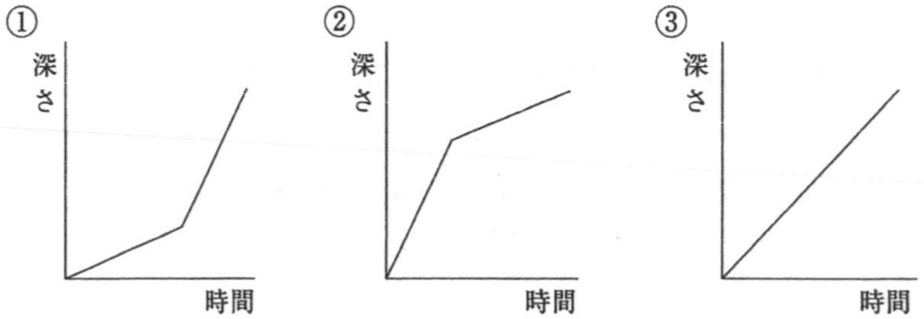

(2) 水そうがいっぱいになるまでにA管だけで水を入れると12分，B管だけで水を入れると28分かかることが分かりました。A管とB管から同時に水を入れると，水そうがいっぱいになるのは水を入れ始めてから何分何秒後ですか。

5 太郎さんは，A市で行われるマラソン大会に参加しました。マラソン大会は午前９時にスタートし，太郎さんは，21kmのコースを走りました。右のグラフは，太郎さんがスタート地点からゴール地点まで走ったときにかかった時間と道のりの関係を表したものです。また，グラフのA地点は，スタート地点からゴール地点までの$\frac{5}{7}$だけ進んだ地点を表しています。このとき，次の問いに答えなさい。

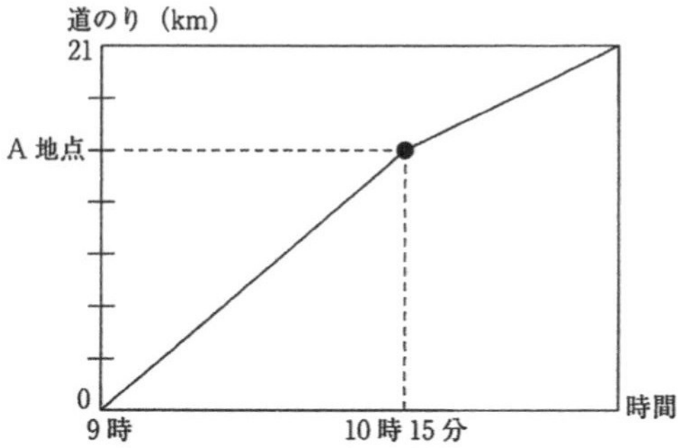

(1) 太郎さんが，A地点を通過したのは午前10時15分でした。太郎さんは，スタート地点からA地点までを時速何kmで走りましたか。

(2) 太郎さんが，A地点からゴール地点までを走った速さは，スタート地点からA地点までを走った速さの$\frac{2}{3}$倍でした。もし，太郎さんが，スタート地点からゴール地点までを（1）で求めた速さで走り続けていた場合，太郎さんは何分早くゴールすることができましたか。

(3) 太郎さんといっしょにマラソン大会に参加した花子さんは，スタート地点からA地点までを時速10kmで走り，A地点からゴール地点までを時速14kmで走りました。花子さんが太郎さんに追いついたのは午前何時何分ですか。

令和６年度　皇學館中学校　入学試験問題（Ａ日程）　〔英語〕その１

時間は 30 分間です。

１． 三つの英文を聞き、絵の内容を最もよく表しているものを１～３の中から一つ選び、記号で答えなさい。

No. 1

No. 2

２． 英文を聞いてその内容を最もよく表しているものを a～d の中から一つ選び、記号で答えなさい。

No. 1

a.

b.

c.

d.

No. 2

a.

b.

c.

d.

３． 対話と質問を聞き、その答えとして最も適切なものを１～４の中から一つ選び、記号で答えなさい。

No. 1

1　At 10:00 a.m.
2　At 3:00 p.m.
3　At 2:15 p.m.
4　At 2:30 p.m.

No. 2

1　40 dollars.
2　14 dollars.
3　60 dollars.
4　45 dollars.

４． タカシとケンが日帰り旅行の相談をしています。これから流れる対話を聞いて、旅行のスケジュールについてまとめた下の表の（　　）に入る語を、それぞれ日本語で答えなさい。

行き先	（　①　）
交通手段	（　②　）
待ち合わせ場所	南駅
出発時間	午前９時
現地ですること	（　③　）を訪れる
	スイーツを食べる
	買い物に行く

５．（　　）に入る最も適切な単語を１～４の中から一つ選び、記号で答えなさい。

(1) Bob and I often (　　) out on the weekend.

1 eats　　2 eat　　3 eating　　4 to eat

(2) Mary's brother (　　) the dishes after he finished lunch.

1 played　　2 drank　　3 spoke　　4 washed

(3) I am hungry. I can't wait (　　) dinner.

1 for　　2 in　　3 at　　4 to

(4) The students met (　　) English teacher in the shopping mall.

1 they　　2 them　　3 their　　4 theirs

(5) Jack, you must brush your teeth (　　) you go to bed.

1 after　　2 before　　3 where　　4 how

６．次の会話文が成り立つように、（　　）に入る最も適切な単語を１～４の中から一つ選び、記号で答えなさい。

(1) A : (　　) can I see *Kinkaku-ji*?
B : You can see it in Kyoto.

1 When　　2 Which　　3 Where　　4 What

(2) A : Could you (　　) me the way to the police station?
B : Go straight on this street and turn left at the first corner. It is on your right.

1 speak　　2 say　　3 tell　　4 call

(3) A : What's wrong? You look (　　).
B : I have a headache. I also feel cold.

1 young　　2 sick　　3 beautiful　　4 tall

(4) A : I like this jacket but it is a little small. Do you have a (　　) one?
B : Well, how about this one?

1 larger　　2 smaller　　3 largest　　4 smallest

(5) A : What were you doing at 4 p.m. yesterday?
B : I was (　　) a TV program with my brother.

1 watch　　2 watches　　3 watched　　4 watching

７．次のチラシの表示をみて、①～④の質問に答えなさい。

Dogs from the Animal Care Center

Will you become a new parent for these dogs?

(1)They are looking for new parents.

● Profile

Name	Sex	Age	Color	Weight	Image	Comments
Max	Male*	2 years old	Brown	18kg		He is very friendly. He loves to be with people. He likes to run and catch balls. Please take him to the park.
Lucky	Male	2 years old	Black White	8kg		He is friendly. He is happy if you play with him and sleep with him. Don't leave him alone.
Coco	Female*	4 years old	White	6kg		She is quiet and smart. She needs time to make friends with new people, but she will love you when she becomes your friend.

● Attention (If you want to have a dog, you need to check "Yes".)

・Can you keep a dog in a house?　☐ Yes　☐ No
・Can you take care of a dog when it becomes old?　☐ Yes　☐ No
・Will your family welcome a dog?　☐ Yes　☐ No

※ If you are interested, please come to the Animal Care Center.
※ Please bring a carry case, pet sheets and a towel.

☎111-243-658

male　オス　　female　メス

①下線部（１）はどういう意味ですか。日本語で答えなさい。
②表中の犬の中で「人と仲良くなるのに時間がかかる犬」の名前は何ですか。英語で答えなさい。
③犬を引き取る場合、どこで飼育することが条件として挙げられていますか。日本語で答えなさい。
④犬を引き取る場合、動物保護センターに持参するものを全て日本語で答えなさい。

８．例にならって、あなたが中学校生活でしたいことを、４語以上の英文で２つ書きなさい（ただし、同じ動詞は使わないこと。また、例文をそのまま用いないこと）。

（例）英語を一生懸《けん》命勉強したい。
I want to study English hard.

令和６年度　皇學館中学校　入学試験問題（Ａ日程）　英語

リスニングテスト　原稿

※教英出版注
音声は，解答集の書籍ＩＤ番号を教英出版ウェブサイトで入力して聴くことができます。

１．三つの英文を聞き、絵の内容を最もよく表しているものを１～３の中から一つ選び、記号で答えなさい。英文は２回読まれます。

No. 1

1. Today is Thursday.
2. Today is Saturday.
3. Today is Sunday.

No. 2

1. The girl is playing basketball.
2. The girl is playing baseball.
3. The girl is playing badminton.

２．英文を聞いてその内容を最もよく表しているものを a～d の中から一つ選び、記号で答えなさい。英文は２回読まれます。

No. 1

This country has a large population. Its capital is Beijing. It is famous for the Great Wall. Its flag has five stars.

No. 2

Today was a very busy day. I woke up at 7:00 and did the laundry first. After breakfast, I cleaned the bathroom. I cooked curry and rice for lunch. In the afternoon, I went shopping at the supermarket. After I did some work on the computer, I cleaned all the rooms with a vacuum. I got so tired, but I'm happy the whole house is now very clean!

３．対話と質問を聞き、その答えとして最も適切なものを１～４の中から一つ選び、記号で答えなさい。対話と質問は、それぞれ２回読まれます。

No. 1

A: Ken, are you free this Sunday?
B: I have a piano lesson from 10 in the morning, but I'll be free in the afternoon.
A: How about going to see a movie? A new action movie is playing now.
B: Sounds good! When does the movie start?
A: It starts at 3 in the afternoon. Let's meet at Kita station at 2:30 in the afternoon. It'll take about 15 minutes from the station to the theater. Is that okay?
B: Sure. And let's have some snacks after the movie.

Q: What time are they going to meet at Kita station?

No. 2

A: Can I help you, sir?
B: Yes. I'm looking for a sweater for my wife. What do you recommend?
A: Well, how about this pink one? The material is great and very light.
B: It also looks so warm. How much is it?
A: It's 60 dollars.
B: Mmm... It's a little bit expensive. I only have 45 dollars now. Do you have a brown one? My wife likes brown.
A: Sure. How about this one? This one is also good. It's 40 dollars.
B: OK. I'll take this. Can you wrap it up, please?
A: Sure.

Q: How much is the brown sweater?

4．タカシとケンが日帰り旅行の相談をしています。これから流れる対話を聞いて、旅行のスケジュールについてまとめた下の表の空所に入る語を、それぞれ日本語で答えなさい。対話は２回読まれます。

A: Takashi, where do you want to go for a day trip? I want to visit Kyoto or Osaka. What do you think?

B: I think both cities have many interesting places, but I want to go to Kyoto. We can visit many famous temples and shrines there.

A: OK, then let's go to Kyoto. How do we get there? By train or by bus?

B: I think bus is better, because there are non-stop buses to Kyoto from Minami station. If we take trains, we need to change trains many times to get to Kyoto.

A: All right, then let's take a bus. It can save a lot of time!

B: The bus starts at 9:00 from Minami station. So why don't we meet in front of the station at 8:45?

A: Sure. And what do you want to do in Kyoto?

B: I want to visit some shrines, eat some sweets and go shopping.

A: Sounds fun! I want to buy some souvenirs for my family!

1

以下の文章を読み、問いに答えなさい。

ヒトが水や海水中に入ると、体が軽く感じるのは浮力を受けるからです。この浮力は、以下の実験などで理解することができます。以下の実験を見てみましょう。ただし、水1mLの重さを１ｇとします。

実験１　物体Ａをばねばかりで空気中ではかると500gでした。

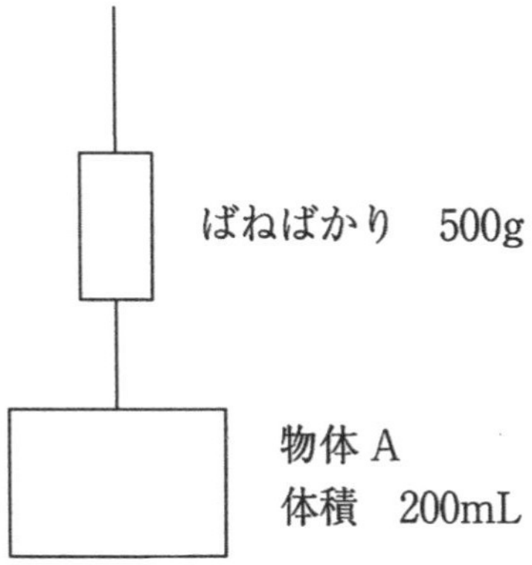

実験２　物体Ａを半分の体積100mLだけ水中に入れました。その時ばねばかりは、400gをしめしました。したがって浮力は100gと考えることができます。

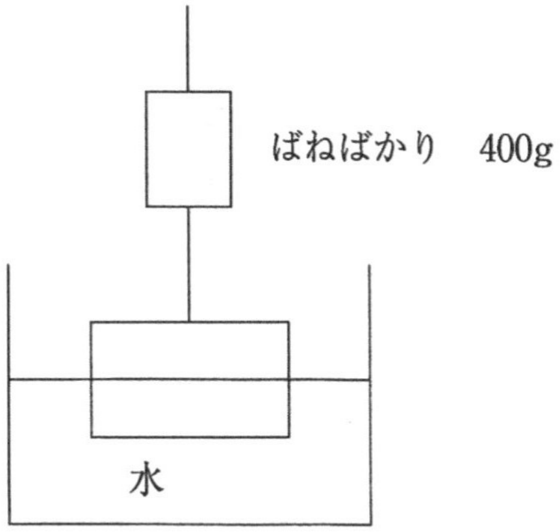

実験３　物体Ａを全部水に入れました。深さをいろいろ変えても、ばねばかりはすべて300gをしめしました。ただし、物体Ａは容器の底にはついていません。このとき浮力は200gと考えることができます。

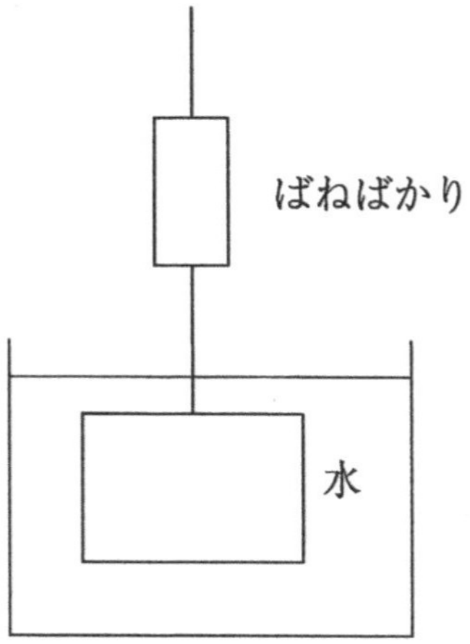

(1)　この物体Ａを体積150mLだけ水中に入れたとき、この物体が受ける浮力の大きさを求めなさい。

(2)　実験３より、深さと浮力の関係を簡単に説明しなさい。

(3)　西アジア（中東）の死海の水1mLは1.3gの重さです。この水を使って、実験２をおこないました。そのとき、ばねばかりは370gをしめしました。このときの、物体Ａにかかる浮力の大きさを求めなさい。

(4)　死海の水1mLは1.3gの重さです。この水を使って、実験３をおこないました。すると、このときの浮力は260gでした。ばねばかりは何ｇをしめしますか。

2

(1) 次の図は，トンボのからだの一部を腹側から見た図です。「はね」や「あし」を加えて図を完成させたいと思います。はねやあしの数やついている位置がしっかりとわかるように，解答用紙の図に書き加えなさい。

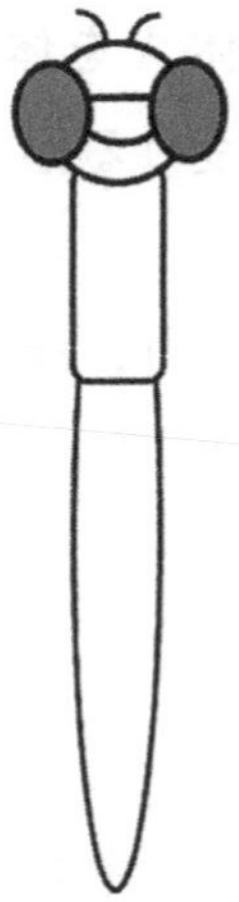

(2) 次のA～Fのこん虫のうち，さなぎにならずに成虫になるものはどれですか。当てはまるものをすべて選《えら》び，記号で答えなさい。

A：トンボ　　B：チョウ　　C：カマキリ
D：バッタ　　E：テントウムシ　　F：セミ

(3) (2) のような成長のしかたを何というか，答えなさい。

(4) ある小学生の１分間あたりの脈はく数は65回で，はく動１回あたりに心臓が送り出す血液の体積は60mLとします。次の①と②の問題に答えなさい。ただし，小学生の全身を流れる血液の体積は3.1Lとし，答えが割り切れないときは，小数第２位を四捨五入《ししゃごにゅう》して小数第１位まで求めなさい。

① 小学生が１分間に送り出す血液の量は何Lですか。
② 小学生の血液は，１時間に全身を何周することになりますか。

(5) 図のように，ガラスのびんの口に，水でぬらした１円玉を置き，約40℃の湯であたためた手でびんをにぎると，１円玉がパタパタ動き出しました。どうして動き出したのでしょう。理由を答えなさい。

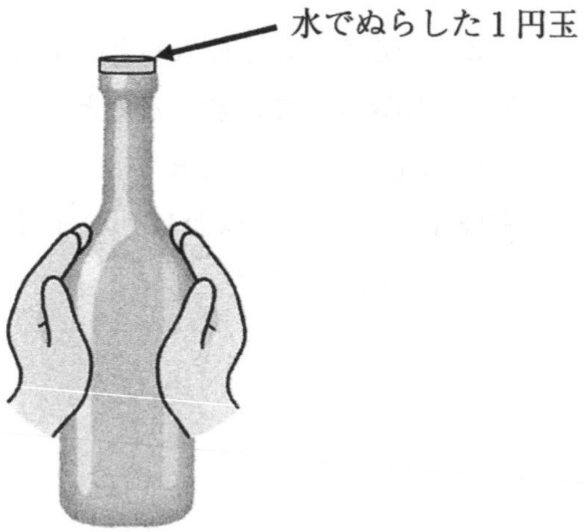

(6) あきらさんはA～Eの５本の試験管に入っている水よう液の正体を調べることにしました。５本の試験管には，炭酸水，うすい塩酸，うすいアンモニア水，重そう水，食塩水のいずれかが入っています。
まず，それぞれの水よう液をリトマス紙につけて色の変化を調べ，次に水よう液を蒸発させてとけているものを調べ，表にまとめました。（表１）その結果，AとDは同じ結果になり，全ての正体を調べることはできませんでした。

表１

	A	B	C	D	E
青色のリトマス紙	赤色に変化	変化なし	変化なし	赤色に変化	変化なし
赤色のリトマス紙	変化なし	青色に変化	変化なし	変化なし	青色に変化
蒸発皿に残ったもの	何も残らない	何も残らない	白い固体	何も残らない	白い固体

①試験管BおよびCの水よう液を答えなさい。
②AとDの水よう液の正体をはっきりとさせるために，もう１つ実験をするならどのような実験をすればよいですか。また，そこからどのような結果がえられたら，それぞれの水よう液の正体がわかるでしょうか。実験内容とその予想される結果についてそれぞれ答えなさい。

3

図は、噴《ふん》火《か》している火山を模式的に示したものです。以下の問いに答えなさい。

(1) 火山は、いま現在活動しているものと過去１万年以内に噴火したことがあるものを活火山といい、そうでない火山を死火山と分けています。富士山は、どちらにふくまれるか答えなさい。

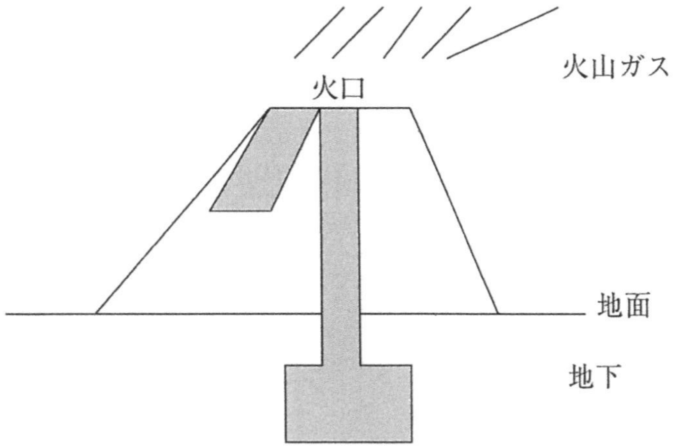

(2) 図のように火口から流れ出ているものを、何というか。答えなさい。

(3) 図のように火山の火口の地下にあり、岩石が溶けた物を何というか。答えなさい。

(4) 火山から出てくる気体を、火山ガスといいますが、その主な成分は何か。以下から１つ記号で選びなさい。

ア　二酸化炭素　　イ　酸素　　ウ　水素　　エ　水じょう気

(5) 2014年9月27日11時52分に、岐阜県と長野県の間にある火山が噴火をしました。その結果登山者に、多くのぎせい者がでました。この噴火した火山の名前を答えなさい。

(6) (5) の火山と富士山の火山の形は同じです。２つの火山の形で最も適するものを１つ記号で選びなさい。

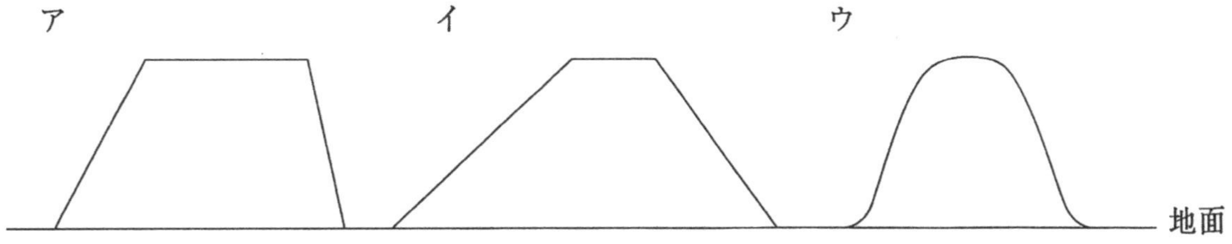

(7) 火山と地震の発生は、深い関係があると考えらています。日本の東海地方（三重県を含む）で、近い将来大きな地震がおきて大きなひ害がでると考えられています。その将来おきると考えられる地震の名称を答えなさい。

(8) 私たち（児童）が、できる学校内の教室でできる地震のひ害を少なくすることを、具体的に１つ答えなさい。

令和６年度　皇學館中学校　入学試験問題（A日程）　〔社　会〕その　１

時間は30分間です。

１　次の会話文を読み、それぞれの問いに答えなさい。

太郎：2023年は、①広島市で②Ｇ７サミットが開かれたね。2016年の伊勢志摩サミット以来の日本での開催だったね。

花子：②Ｇ７は主要国首脳会議の略だね。年に１回開かれる国際会議で、世界経済や国際政治、環境《かんきょう》など幅広いテーマについて話し合われるよね。

太郎：③三重県志摩市でも、交通大臣会合が開かれたよね。

花子：そうだね。ポスターやのぼりを見たことがあるよ。

太郎：他にも日本国内のいろんなところで大臣会合があったみたい。長野県の軽井沢町で外務大臣会合があったり、宮崎市で農業大臣会合があったりしたみたいだよ。

花子：軽井沢町には私のいとこが住んでいるから、少し話を聞いてみようかな。

問１　会話文中の下線部①について、次の雨温図は札幌市・新潟市・広島市・那覇市のいずれかを示している。この中で広島市の雨温図として正しいものを、次のア～エのうちから一つ選び、記号で答えなさい。

ア

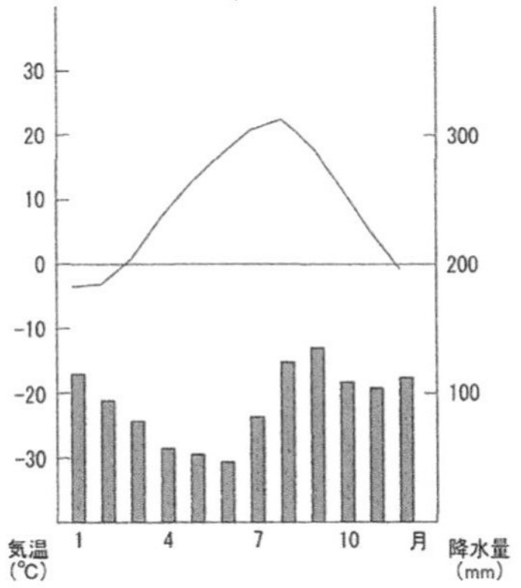

イ

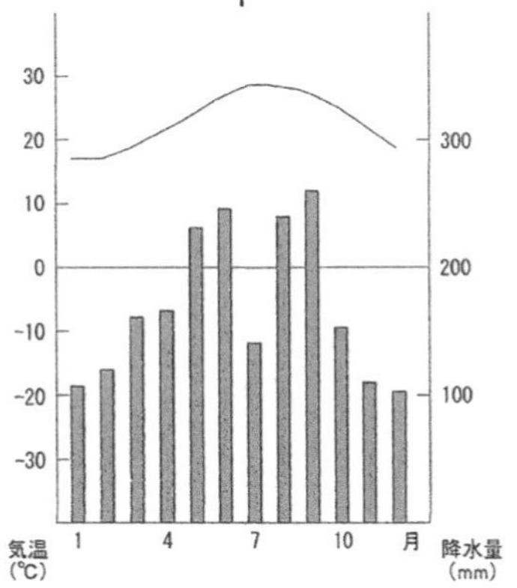

ウ

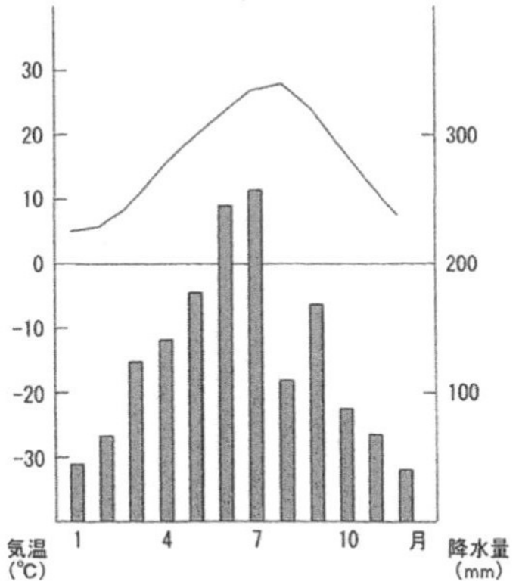

エ

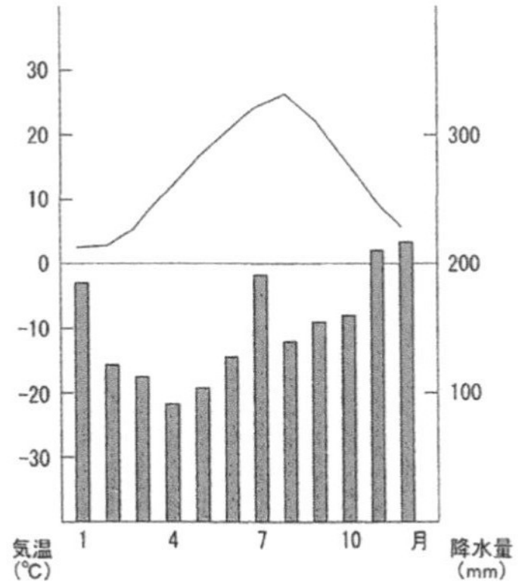

問２　会話文中の下線部②について、次の文はＧ７の国と日本との歴史的な関係について説明している。説明の内容が誤っているものを、次のア～エから一つ選び、記号で答えなさい。

ア　1951年に日本とアメリカ合衆国との間で、日米安全保障条約が結ばれた。

イ　第二次世界大戦がはじまった後に、日本とドイツとイタリアの三国の間で同盟が結ばれた。

ウ　明治時代に日本とイギリスの間で、治外法権（領事裁判権）の廃止《はいし》が決まった。

エ　江戸時代に海外との交流を制限する中で、フランスの商人とは長崎での貿易を認めた。

問３　会話文中の下線部③について、交通大臣会合に興味を持った太郎さんは、Ｇ７交通大臣宣言について調べたところ、次の文章を発見した。

［持続可能な交通］　総論

交通部門は、世界におけるエネルギー関連CO_2排出《はいしゅつ》量の約1/4を占めており、世界の人口増加、移動とジャストインタイム物流に対する需要《じゅよう》の増加により、このままでは排出量が増加し続けることが見込まれるという認識を我々は共有する。世界の平均気温の上昇を1.5℃に抑《おさ》える目標を達成するためには、経済界の関係者と連携《れんけい》し、持続可能な行動の促進《そくしん》やクリーンテクノロジーの導入を通じて、交通部門を含む全ての部門から温室効果ガス排出量を迅速《じんそく》かつ大幅に削減《さくげん》する必要がある。

全ての交通手段からの温室効果ガス排出量を削減することの重要性を認識するとともに、交通手段の最適化によって人とモノの移動に最適な方法を決定することの重要性も認識する。

※需要　…　もとめること。市場において購入しようとする欲求。

宣言の中の下線部に疑問を持った太郎さんは、ジャストインタイム物流について調べた。下のメモの中にある空欄に当てはまる文章を５字以上10字以内で答えなさい。

メモ

ジャストインタイム物流　…　必要なものを、必要な時に、必要な量だけ配送する物流システム

必要なものを、必要な時に、必要な量しか運ぶことができないと

少ない量の荷物を【　　　　　　　　　　】運ぶことになることもある

→　この需要が増加するとCO_2の排出量が増加していくことになる

花子さんが軽井沢町に住んでいるいとこのさくらさんと電話で会話している。

花子　：もしもし、さくらちゃん久しぶりだね。

さくら：花子ちゃん久しぶり。元気にしてたかな。

花子　：元気だよ。ありがとう。今日学校で友達と話してたら、④長野県の⑤軽井沢町の話題が出たんだ。

さくら：そうなんだ。どんな話かな？

花子　：Ｇ７の広島サミットに関連する外務大臣会合が⑤軽井沢町で開催されたってことなんだ。

さくら：４月に行われたってニュースになってたね。⑤軽井沢町は自然に囲まれたリゾート地だから、これまでにも国際会議がたくさん行われているよ。2016年の伊勢志摩サミットのときも交通大臣会合が行われているよ。東京からのアクセスもいいしね。

花子　：今回の交通大臣会合は三重県志摩市だったんだ。

さくら：志摩市もとても魅力《みりょく》的だよね。去年の夏休みに三重県に行ったときに、一緒に志摩市の海で泳いだよね。とてもきれいだったな。

花子　：さくらちゃん、あまり海で泳いだことないって言ってたよね。

さくら：長野県は内陸にあるからね。海に行こうと思うと、県外に移動しないといけないんだ。

花子　：さくらちゃんの家からだと太平洋側の海と日本海側の海ならどちらが近いのかな？

さくら：⑥新幹線でつながっているから⑦北陸地方の日本海側の海が近いんじゃないかな。

問４　会話文中の下線部④について、下の表中のＡ～Ｄは長野県・富山県・岐阜県・静岡県を示している。この中で、長野県として正しいものをあとのア～エのうちから一つ選び、記号で答えなさい。

	人口（万人）2022年	面積（㎢）2022年	果実の産出額（億円）2020年	漁獲《ぎょかく》量（千ｔ）2020年
A	103	4248	23	26
B	205	13562	894	1
C	199	10621	54	1
D	365	7777	254	189

（帝国書院ホームページより）

ア　A　　イ　B　　ウ　C　　エ　D

問５　会話文中の下線部⑤について、次の地形図は軽井沢駅の周辺を示している。この地形図について説明した下のX・Yの正誤の組み合わせとして正しいものを、あとのア～エから一つ選び、記号で答えなさい。

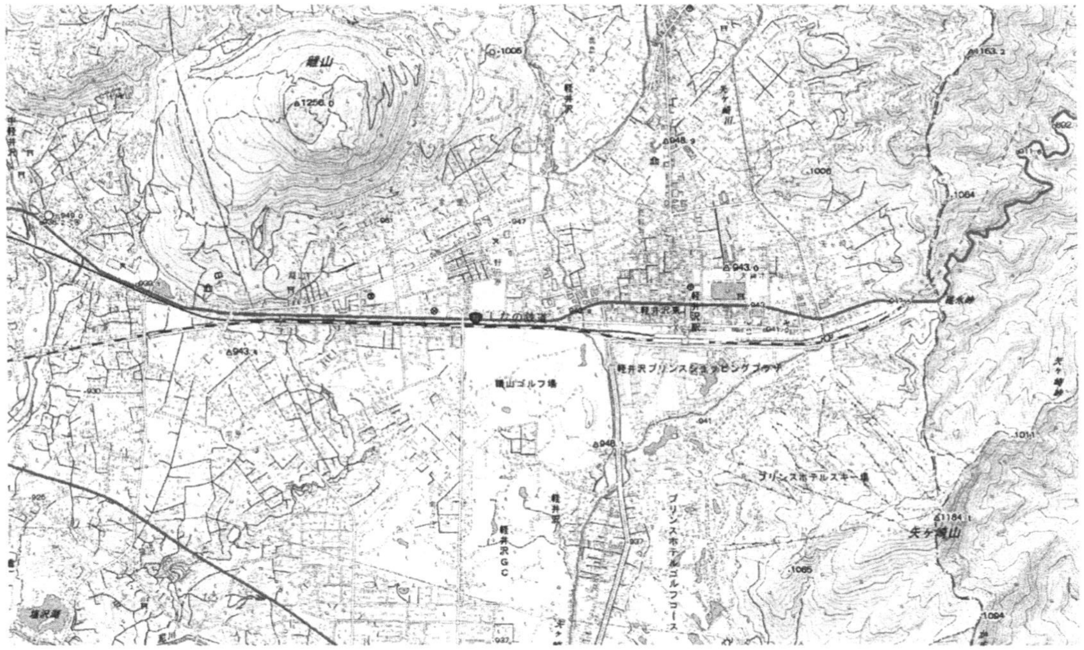

（国土地理院発行２万５千分の１地形図）

X　この地形図で確認できる標高はすべて1000 mを越えている。

Y　離山の三角点と軽井沢駅は地形図上では約６cmであることから、実際の距離は約1500 mである。

ア　X－正　Y－正　　イ　X－正　Y－誤

ウ　X－誤　Y－正　　エ　X－誤　Y－誤

問６　会話文中の下線部⑥について、軽井沢駅から東京駅までは新幹線で約70分である。軽井沢駅も通る北陸新幹線は、東京駅から金沢駅を往復する。この北陸新幹線の停車駅として、正しいものを次のア～オの中からすべて選びなさい。

ア　長野駅　　イ　甲府駅　　ウ　宇都宮駅　　エ　富山駅　　オ　仙台駅

問７　会話文中の下線部⑦について、北陸地方の県名と伝統的工芸品の組み合わせとして正しいものを、次のア～エのうちから一つ選び、記号で答えなさい。

ア　新潟県－津軽塗《つがるぬり》　　イ　富山県－瀬戸焼

ウ　石川県－輪島塗《わじまぬり》　　エ　福井県－西陣織

問８　花子さんは、軽井沢町のことを調べようとホームページを確認した。そこで、2023年が町制施行《しこう》100周年であることを見つけた。100年前の1923年を歴史資料集で調べたところ、大きな自然災害があった年であることを発見した。この災害で東京を中心に多くの被害が出た。この自然災害として正しいものを、次のア～エから一つ選び、記号で答えなさい。

ア　伊勢湾台風　　イ　関東大震災　　ウ　阪神・淡路大震災　　エ　東日本大震災

２　三重県の歴史についてまとめた年表を見て、次の各問いに答えなさい、

時代	できごと
①弥生時代	津市・納所遺跡から①弥生時代の琴《こと》が見つかる。
古墳《こふん》時代	松阪市・宝塚古墳から②船形はにわや家形はにわが見つかる。
③飛鳥時代	伊勢神宮の式年遷宮《しきねんせんぐう》が始まる。
奈良時代	（　④　）が伊勢・伊賀を訪れる。
平安時代	⑤西行が伊勢二見を訪れる。
鎌倉時代	⑥北条時房が伊勢守護に任じられ、恩賞として伊勢国内の所領16ヶ所を与えられる。
⑦室町時代	足利義満が伊勢神宮を参拝する。

（三重県ホームページより）

問１　年表中の下線部①について、弥生時代にはまだ日本に記録がないが、中国の歴史書に記録が残っている。そこには、邪馬台国の女王に関する記録があり、魏《ぎ》に使いを送ったことが記されている。この女王の名前を答えなさい。

問２　年表中の下線部②について、埴輪《はにわ》は古墳のまわりに並べられた。古墳の形には様々なものがあるが、下の図に示された形の古墳を何というか、答えなさい。

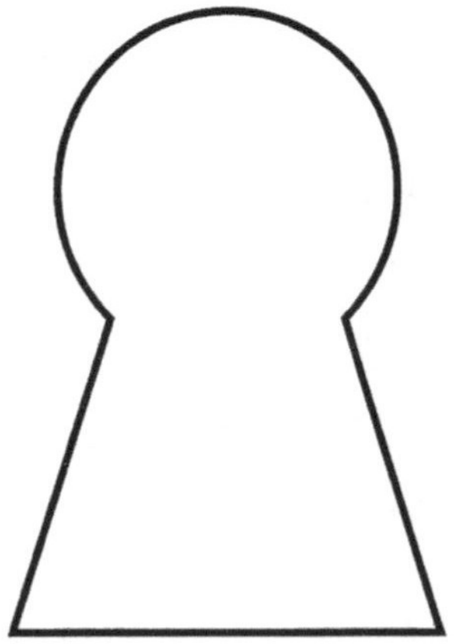

問３　年表中の下線部③について、飛鳥時代に活躍《かつやく》した聖徳太子について説明した次のX・Yの正誤の組み合わせとして正しいものを、あとのア～エのうちから一つ選び、記号で答えなさい。

X　蘇我馬子とともに天皇を中心とする政治のしくみを整え、役人の心得を示す冠位十二階を定めた。
Y　小野妹子を遣隋使《けんずいし》として送り、対等な国の交わりを結ぼうとした。

ア　X－正　Y－正　　イ　X－正　Y－誤
ウ　X－誤　Y－正　　エ　X－誤　Y－誤

問４　年表中の空欄④について、この人物は全国に国分寺・国分尼寺《こくぶんにじ》を建て、都には中心となる東大寺をつくり、大仏を造立《ぞうりゅう》した天皇である。この天皇の名前を答えなさい。

問５　年表中の下線部⑤について、西行は『山家集』という歌集をのこした。次のア～エの中から、文学作品とそれが完成した時代を正しく表しているものを一つ選び、記号で答えなさい。

ア　枕草子 — 奈良時代　　イ　平家物語 — 平安時代
ウ　古今和歌集 — 鎌倉時代　　エ　奥の細道 — 江戸時代

問６　年表中の下線部⑥について、北条氏は鎌倉時代に執権《しっけん》として活躍した一族である。1274年と1281年に起こった元寇《げんこう》のときの執権として正しい人物を、次のア～エのうちから一つ選び、記号で答えなさい。

ア　北条時政　　イ　北条時宗　　ウ　北条泰時　　エ　北条義時

問７　年表中の下線部⑦について、室町時代の文化の説明として誤っているものを、次のア～エのうちから一つ選び、記号で答えなさい。

ア　８代将軍の足利義政が東山に銀閣《ぎんかく》を建て、書院造という建築様式が用いられた。
イ　観阿弥・世阿弥の親子が能を芸術としてつくりあげた。
ウ　雪舟が中国（明）へわたって水墨画《すいぼくが》を学び、「秋冬山水図」を完成させた。
エ　末法思想の流行により、浄土信仰《じょうどしんこう》の教えが広まり、京都に平等院鳳凰堂《ほうおうどう》が建てられた。

３　太郎さんの小学校では、毎年６年生の夏休みの自由研究に、歴史上の人物をテーマにした調べ学習に取り組むことになっている。下の自由研究についての説明をよく読んで、問いに答えなさい。

〇〇小学校６年生

夏休み自由研究「歴史上の人物」について調べよう！

・歴史上の人物を一人決める。
・調べた内容をレポート用紙にまとめる。
・夏休み最初の授業で、そのレポートについてクラスで発表する。

問１　太郎さんは《 **織田信長** 》について調べた。その《 **織田信長** 》に関わることについて、あとの問いに答えなさい。

（１）信長は、尾張《おわり》（愛知県）の小さな大名であったが、少数の軍勢で駿河《するが》（静岡県）の【　Ａ　】の大軍を桶狭間《おけはざま》の戦いで破り、全国にその名が広まった。その後も力をつけ、まわりの大名をうち破った。
この空欄Ａに入る人物を次のア～エのうちから一つ選び、記号で答えなさい。

ア　明智光秀　　イ　今川義元　　ウ　上杉謙信　　エ　武田勝頼

（２）力をつけた信長は、水運などの交通が便利な安土に安土城をきずき、天下統一のための根拠地《こんきょち》とした。その安土城がきずかれた都道府県名を答えなさい。

問2　花子さんは《**豊臣秀吉**》について調べた。その《**豊臣秀吉**》の政治について、下の説明を読み、あとの問いに答えなさい。

天下統一をはたした秀吉は、百姓の支配を固める政治を行った。
下の（X）・（Y）の内容は、秀吉がおこなった政治のうち、何をしめしているか。それぞれ答えなさい。

（X）収穫高が念入りに調べられ、耕作して年貢《ねんぐ》を納める百姓の名前を、一つ一つの田畑ごとに帳簿に記録していった。

（Y）百姓が持つ刀や鉄砲などの武器を取り上げ、農業などに専念させるようにした。

問3　一郎さんは《**徳川家康**》について調べた。その《**徳川家康**》に関わることについて、下の説明を読み、あとの問いに答えなさい。

1600年、「天下分け目の戦い」といわれる関ケ原の戦いで勝利した家康は、1603年に征夷大将軍となり、江戸に幕府を開いた。そして、全国の大名を従える幕府の基礎《きそ》をきずいていった。

説明文中の下線部について、三代将軍家光の時代には、「大名は将軍の家来だから、一年おきに江戸に住み、将軍を守らなければならない。」として、武家諸法度に【　C　】の制度が加えられた。これにより大名は、江戸での生活や大名行列の費用を負担させられ、妻子を人質にされることになった。空欄Cに入る語句を漢字四字で答えなさい。

問4　二郎さんは《**徳川慶喜**》について調べた。その《**徳川慶喜**》に関わることについて、下の説明を読み、あとの問いに答えなさい。

十五代将軍の徳川慶喜は、これ以上幕府の政治を続けることはできないとして、1867年に大政奉還に踏み切った。この結果、鎌倉幕府が開かれてから続いた、武士の世の中が終わった。

説明文中の下線部について、大政奉還について【　政権　朝廷　】という二つの語句を用いて簡潔に説明しなさい。

問5　太郎さん・花子さん・一郎さん・二郎さんの四人のうち、一人のレポートの中に下のような文章が書かれていた。

・地域の政治を自分たちで行おうとする一向宗信者と、各地で戦った。その一向宗の中心地である大阪の石山本願寺を降伏させた。
・寺社の勢力をうばうことなどをねらって、キリスト教を保護し、布教を認めた。

このレポートの内容は、どの歴史上の人物のことをしめしているか。あとのア～エのうちから一つ選び、記号で答えなさい。

ア　織田信長　　イ　豊臣秀吉　　ウ　徳川家康　　エ　徳川慶喜

4　太郎さんは、先生と選挙や政治のしくみについて話している。２人の会話を読み、あとの問いに答えなさい。

太郎　先生。高校３年生の私の姉が、先日18歳になったので、家族みんなでレストランに行き、お祝いをしました。姉はすごく喜んでくれたのですが、少し不安な表情で「私も、もう18歳になったので、もっとしっかりしていかないとね。」とも話していました。

先生　お姉さんは18歳になられたのですね。おめでとうございます。これから①選挙に参加することができますね。近いところでは、来月に市長選がありますので、お姉さんも投票することができますよ。

太郎　はい。先日、社会の授業で勉強しましたが、②選挙制度が改正されて、2016年から選挙権年齢が18歳以上に引き下げられましたよね。家に帰ってから、姉が選挙のことや、来月の市長選のことについて話してくれました。

先生　次の市長選だけでなく、国会議員を選出する選挙に参加できるようになるなど、様々なかたちで社会に関われるようになります。大人としての責任や自覚をしっかり持たないといけないので、少し不安な様子になられたのでしょうね。

太郎　はい。でも、若い世代が社会に参加できるような環境に変わっていくことには賛成だし、姉もこれからもっと政治のしくみを勉強し、社会に参加していきたいとも話していました。

先生　素晴らしいですね。若い世代の積極的な社会参加によって、よりよい社会の形成につながっていってほしいですね。

太郎　私も近い将来、選挙に参加することができるようになるので、政治のしくみについてしっかりと勉強しておこうと思います。最近では、③国会・④内閣・⑤裁判所の三つの機関が、それぞれ仕事を分担して進めるなかで、たがいに確認しあう⑥三権分立について、勉強しました。

先生　よく覚えていますね。次回は、地方の政治や⑦税金のはたらきについて、話します。またしっかり勉強していきましょう。

問１　会話文中の下線部①について、下の表の空欄A・Bに当てはまる語句の組み合わせとして正しいものを、あとのア～エのうちから一つ選び、記号で答えなさい。

〈　立候補者と選挙する人の年齢　〉

	選挙する人	立候補者
市区町村長	満18歳以上	（　A　）以上
市区町村議会議員	満18歳以上	満25歳以上
都道府県知事	満18歳以上	（　B　）以上
都道府県議会議員	満18歳以上	満25歳以上

ア　A→満25歳　B→満25歳　　イ　A→満25歳　B→満30歳
ウ　A→満30歳　B→満25歳　　エ　A→満30歳　B→満30歳

問２　会話文中の下線部②について、選挙制度に関連することについて述べた、次のX・Yの文章の正誤の組み合わせとして正しいものを、あとのア～エのうちから一つ選び、記号で答えなさい。

X　明治時代に第１回衆議院議員総選挙が実施され、有権者は満20歳以上の男子に限定されていた。
Y　1925年に制定された普通選挙法によって、女性の参政権も認められるようになった。

ア　X－正　Y－正　　イ　X－正　Y－誤
ウ　X－誤　Y－正　　エ　X－誤　Y－誤

問３　会話文中の下線部③について、下の表ア～カのうち一つ誤りがある。誤りがあるものを、下のア～カのうちから一つ選び、記号で答えなさい。

衆議院		参議院
ア　→　満30歳以上	被選挙権	イ　→　満30歳以上
ウ　→　4年	任期	エ　→　6年
オ　→　あり	解散	カ　→　なし

問４　会話文中の下線部④について、内閣のはたらきについて述べた文章として正しいものを、次のア～エのうちから一つ選び、記号で答えなさい。

ア　外国と結んだ条約の承認を行う。
イ　委員会や本会議を開いて、法律を制定する。
ウ　最高裁判所の長官を指名する。
エ　閣議の決定は多数決を原則としている。

問５　会話文中の下線部⑤について、裁判所に関連することについて述べた、次のX・Yの文章の正誤の組み合わせとして正しいものを、あとのア～エのうちから一つ選び、記号で答えなさい。

X　裁判所には、法律が憲法に違反していないかについて判断する権限が認められている。
Y　選挙権年齢が18歳以上に引き下げられてから、国民が裁判員として裁判に参加する裁判員制度がはじまった。

ア　X－正　　Y－正　　　　イ　X－正　　Y－誤
ウ　X－誤　　Y－正　　　　エ　X－誤　　Y－誤

問６　会話文中の下線部⑥について、下の図中の空欄Aには、最高裁判所の裁判官がふさわしいかどうかを国民が投票で決める制度が入る。空欄Aに入る言葉を答えなさい。

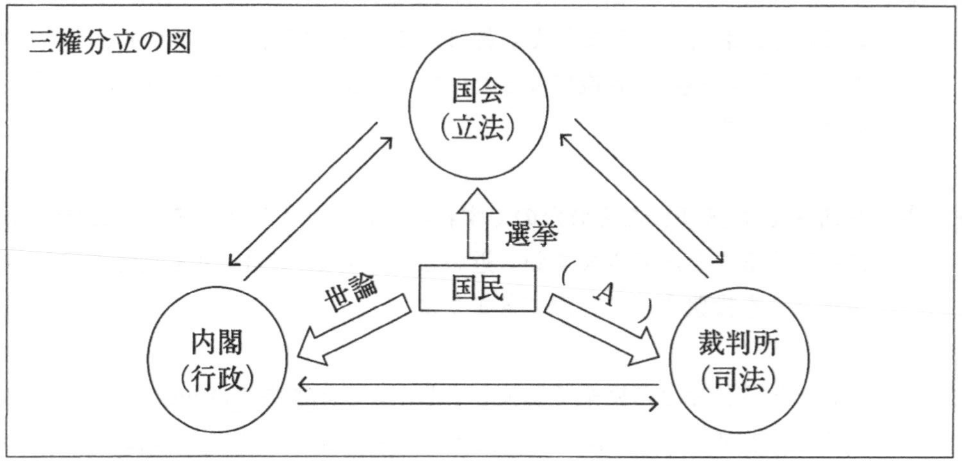

問７　会話文中の下線部⑦について、太郎さんはいろいろな税金を調べ、下のようにカードにまとめた。所得税について説明しているカードを、下のア～オのうちから一つ選び、記号で答えなさい。

ア
会社員の給与にかかる税

イ
市区町村の住民にかかる税

ウ
会社にかかる税

エ
物を買ったときにかかる税

オ
土地や建物にかかる税

令和6年度（A日程）

国語解答用紙

〔一〕

問1　A　B　C　D　める

問2　Ⅰ　Ⅱ　Ⅲ　Ⅳ

問3　X　Y

問4

問5　a　b

問6

問7

〔二〕

問1

問2　A　B

問3　X　Y

問4

問5

問6

問7

〔三〕

問1　①　②　③

問2　①　②

問3　①　②　③

問4　①　②　③

問5

問6　①　②　③　④

問7

問8

問9

問10

受験番号
得点
※100点満点（配点非公表）

令和６年度　（A日程）

算　数　　解答用紙

受験番号	得　点
	※100点満点 （配点非公表）

1	(1)	①		②		③	
		④		⑤			
	(2)	①	□　　○	②		③	□　　○
		④					

2	(1)		(2)	通り	
	(3)	度	(4)	cm	
	(5)	cm^2	(6)	分後	m 地点
	(7)	円	(8)	度	
3	ア		イ		
	ウ		エ		
4	(1)		(2)	分　　秒後	
5	(1)	時速　　km	(2)	分	
	(3)	午前　　時　　分			

令和６年度　（A日程）

英　語　　解答用紙

受験番号	得　　点
	※50点満点 （配点非公表）

1

No.1	No.2

2

No.1	No.2

3

No.1	No.2

4

①	②
③	

5

(1)	(2)	(3)	(4)	(5)

6

(1)	(2)	(3)	(4)	(5)

7

①	
②	③
④	

8

令和６年度　（Ａ日程）

理　科　　解答用紙

受験番号	得　点
	※50点満点 （配点非公表）

1

(1) g	
(2)	
(3) g	(4) g

2

(1) 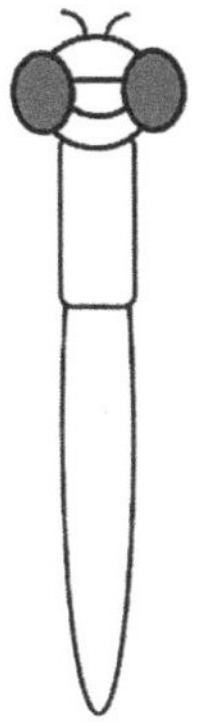	(2)
	(3)
	(4) ① L
	② 周
(5)	
(6) ① B	C
②実験	
結果	

3

(1)	(2)
(3)	(4)
(5)	(6)
(7)	
(8)	

令和６年度　（Ａ日程）

社　会　解答用紙

受験番号	得　点
	※50点満点 （配点非公表）

1

問１		問２	
問３			
問４		問５	
問６			
問７		問８	

2

問１		問２	
問３		問４	
問５		問６	
問７			

3

問１	（1）	（2）
問２	（X）	（Y）
問３		
問４		
問５		

4

問１		問２	
問３		問４	
問５		問６	
問７			

令和5年度　皇學館中学校　入学志願者学力試験（A日程）

国語（その一）

（解答時間は50分）

注意　：　字数をしている問題は、すべて句読点を含みます。

〔一〕次の文章を読んであとの問いに答えなさい。（ただし、出題の都合上、文章中の表現を改変した部分があります。）

建築というのは、屋根があって壁がある。そうやって雨風をしのぐ。もちろん出入り口もないといけない。壁には窓もある。しかし屋根があって壁があって窓がある、それだけでは「建築」とはいえない。美しくないと、つまらない。

京都の建築には、三つのタイプがある。仏教の寺院、神社、それに住宅だ。まず建物の前に立ったら、この三つのどれにあてはまるかをチェックすることから始めよう。

寺院には、本尊をA安置する「本堂」（金堂、仏殿ともいう）や、講義や修行をする「講堂」、それに「塔」などがある。これらのセットを「伽藍《がらん》」という。京都にある塔で美しいのは、東寺（教王護国寺）の五重塔や、醍醐《だいご》寺の五重塔などだ。

神社には、入口にあたる「B鳥居」、それに神を礼拝する「拝殿」などがある。

また住宅は、時代により変わるが、貴族が住んだ平安時代の建築を「寝殿造《しんでんづくり》」、武家の家である「書院造」、それに書院造に茶の美学をとりいれた「数寄屋造《すきやづくり》」がある。

京都の建築は、ただの建物ではない。美がある。それを見るために、屋根と窓について説明をしよう。

屋根には、いくつかのタイプがある。基本形は、切妻造《きりつまづくり》と寄棟造《よせむねづくり》だ。「妻」というのは奥さんのことではなく、建築用語だ。背骨のような屋根の棟《むね》と直角の面をさす。ここが切れている、X断面のような構造になっているのが「切妻造」だ。また「寄棟造」は、棟から四つの屋根面が出ているものをいう。二つは台形、あと二つは三角に近い形になる。

さらに「入母屋造《いりもやづくり》」という屋根がある。これは切妻造と寄棟造が合体したものだ。上部が切妻造、下部が寄棟造になっている。

もう一つ、「宝形造《ほうぎょうづくり》」も説明しよう。屋根の棟はC背骨のように線になっているものが多いが、そこが点になっているものだ。上から見ると、中心点から四方に、三角形の屋根が広がっている。

建物の前に立ったら、まずは屋根を眺《なが》めてみよう。どのタイプに属するか。そして大切なのは、分類して終わることではない。分類するとD構造が見える。次は、その（　Ⅰ　）、重厚さ、軽さなどを感じてみることだ。まっすぐな線、流れるような線、跳《は》ねる線、屋根にはいろいろな形がある。屋根は、人体でいえば髪や帽子の部分にあたるが、壁を胴体とするなら、屋根は建物の顔でもある。えばったような屋根、優雅な屋根、華麗な屋根、控え目な屋根。そこには人の顔と同じような（　Ⅱ　）がある。

そして京都の美を語るのに欠かせない「窓」についても説明をしよう。窓は、風通しを良くして空気をきれいにするため、あるいは暗い室内に光を取り込むためにある。でも、①そういう実用面だけが窓の役割ではない。美を演出する大切なアイテム、それが窓なのだ。建物を外から眺めたとき、それは単調な壁面にアクセントと表情を与えてくれる。また室内から窓を眺めると、窓が額縁《がくぶち》のようになって、外の景色が一幅《いっぷく》の絵画に見えてくる。この「額縁」こそが、京都という美の殿堂《でんどう》の一つのハイライトにもなっている。

ここでは源光庵《げんこうあん》と天得院《てんとくいん》の窓、それに宝泉院《ほうせんいん》を取り上げよう。

源光庵には、二つの大きな窓がある。四角い窓と、丸い窓で、空気を入れ替えたり、光を入れるという実用的な窓ではなく、あきらかにデザイン的、美的な理由から作られている。「なにかが言いたい」ということがあって、こういう窓が作られたのだと分かる。この二つの窓は、角窓が「迷いの窓」、丸窓が「悟りの窓」という。なんだかダジャレみたいな、いかにもという感じのお説教《せっきょう》ください（　Ⅲ　）だが、②四角い枠の中に、そして丸い枠の中に、庭の景色を見ると、なにか「くるもの」がある。四角や丸というのは、形体の極致みたいなものだが、その抽象的《ちゅうしょうてき》な枠の中に、庭の本物の植物、本物の石がある。もしこの枠がなかったら、なんでもない庭かもしれないが、枠がつくことで、どこかスペシャルな感じがするし、造形的な構図も「決まっているな」と思える。丸や四角は、世界中に普遍的《ふへんてき》な形で、植物も岩も、地球のどこにでもある。Yそれらが組み合わさると、なぜか「これこそが京都！」という感じがする。たかが窓であるが、美は、そんなところから生まれるのだ。

窓枠を鑑賞しようというなら、お勧めなのが、東福寺の塔頭《たっちゅう》の天得院だ。塔頭というのは、寺の境内《けいだい》にある子院のことで、天得院は、東福寺の門の手前にある。この寺の庭は、桃山時代に作られた枯山水《かれさんすい》だが、いまでは石組の痕跡《こんせき》がわずかに残っているだけだ。しかし七月になると桔梗《ききょう》の花が庭一杯に咲き、夜には（　Ⅳ　）もされ、特別公開される。ただぼんやり、小さな庭を眺めて時を過ごしたいなら、行ってみたらよい寺だ。

この天得院に、釣鐘《つりがね》形の華頭窓《かとうまど》がある。華頭窓というのは、窓枠の形が丸でも四角でもなく、上枠が花のように複雑な形をしているものをいう。神社や城の窓に多いが、天得院にも、おしゃれな華頭窓がある。ここの窓は、全体が釣鐘の形にも見える。桔梗が咲く季節には、この窓をとおして、花の乱舞《らんぶ》を見ることができる。苔《こけ》と皐月《さつき》の緑と、岩と紫の桔梗。とくに「あっ」

といわせる仕掛けがあるわけではない。でも捨てがたい小さな美が、この寺にはある。

（布施英利『京都美術鑑賞入門』ちくまプリマー新書より）

問1　═══部A～Dの漢字の読みをそれぞれひらがなで答えなさい。

問2　空欄《くうらん》（Ⅰ）～（Ⅳ）に最も適する言葉を、次のア～エからそれぞれ選び、記号で答えなさい。

ア　ネーミング　　イ　バリエーション　　ウ　プロポーション　　エ　ライトアップ

問3　空欄 X 、Y に最も適する言葉を、次のア～オからそれぞれ選び、記号で答えなさい。

ア　たとえば　　イ　つまり　　ウ　さて　　エ　しかし　　オ　なぜなら

問4　次の〈図〉について、空欄①～⑥に最も適する言葉の組み合わせを、あとのア～エから選び、記号で答えなさい。

〈図〉

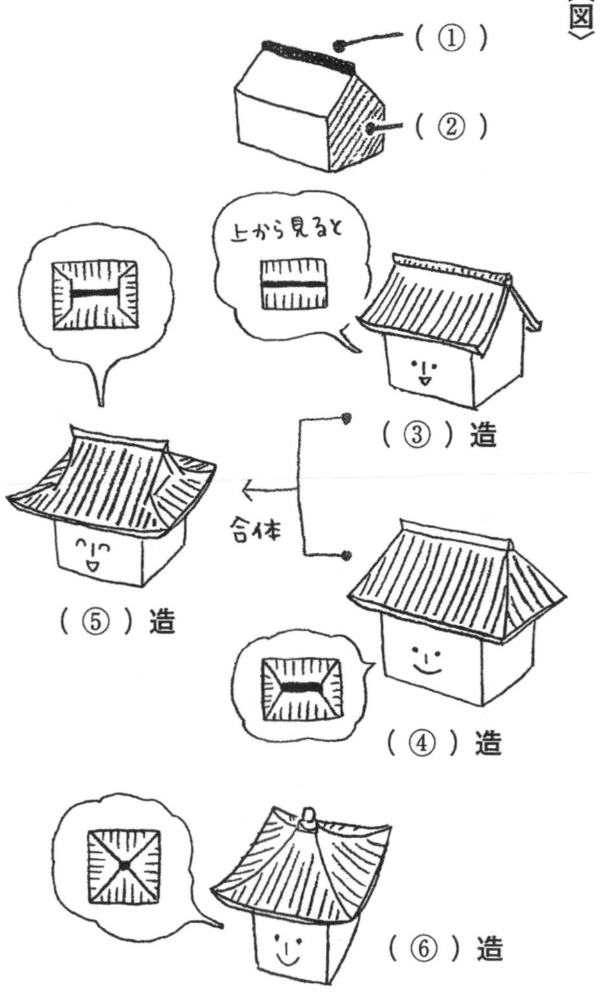

	①	②	③	④	⑤	⑥
ア	棟	妻	切妻	寄棟	入母屋	宝形
イ	棟	妻	寄棟	切妻	宝形	入母屋
ウ	妻	棟	切妻	寄棟	入母屋	宝形
エ	妻	棟	入母屋	切妻	寄棟	宝形

問5　――部①「そういう実用面」とはどういうことですか。文中の言葉を用いて説明しなさい。

問6　――部②「四角い枠の中に、そして丸い枠の中に、庭の景色を見ると、なにか『くるもの』がある。」について、その理由を説明しなさい。

問7　筆者が日本に古くから伝わる「建築」に求めるものは何ですか。五十字以内で答えなさい。

国　語（その三）

〔二〕次の文章を読んであとの問いに答えなさい。（ただし、出題の都合上、文章中の表現を改変した部分があります。）

土曜日だからか、小さな子ども連れの家族や犬を連れたおじいちゃんと、それなりに人がいた。公園の入り口でいつものように写真を撮って、白井くんに送信する。

すぐに引き返してもよかったけど、（　Ⅰ　）家に帰る気分になれなくて、公園の奥に進んで空いているベンチに腰《こし》かけた。

…寒い。

一月も半ば過ぎ。冬まっただ中で、空が澄《す》んでて日差しが暖かくても、それを台なしにするくらいに風は冷たい。なんとなく腰を落ち着けちゃったけど、そんなに長居はできなそうだ。手袋《てぶくろ》もないし、温かいペットボトルのドリンクでも買えばよかった……。

コートのポケットに両手を突《つ》っ込《こ》み、公園を訪《おとず》れる子どもを、親子を、おじいちゃんを眺《なが》める。

みんなこの街に住んでて、今まさに、この場所が思い出の地となるような記憶を作ってるのかも。

わーっと叫《さけ》んじゃいたいような気持ちになってきた。

思い出もないこの街で、私はなんにもやってない。

叫ぶこともできないし、どうしようもなくて膝《ひざ》に顔を突《つ》っ伏《ぷ》そうとした――直後。

自転車のブレーキ音が辺りに響いた。

公園の入り口に、ママチャリが停《と》まってる。

「……え？」

自転車を降りて押しながらこっちに来るのは、（　Ⅱ　）白井くん。

なんで？

白井くんは黒のダウンジャケットにジーパンとオフモード。そういえば、私服は初めて見た気がする。やっぱ、背、高いな。

きょとんとして目をパチパチしてるうちに、白井くんは私の前まで辿《たど》り着いた。

「何やってんの？」

清々《すがすが》しいほど［　X　］。

「それ、こっちの台詞《せりふ》だし……。」

白井くんは自転車を停め、ハンドルに手を当てたまま話し始めた。

「俺、今日、暇《ひま》してて。そしたら、早阪さんが写真送ってきたから、いるのかなと思って」

「なんで？」

今までだって写真は送ってる。（　Ⅲ　）、白井くんが来たことはない。

「いつもは夜にまとめて送ってくるじゃん。俺がメッセ送ってすぐに返信が来たことはないなって」

言われてみれば、確かにそうだ。

「白井くん、暇だったんだね」

「うん、暇だった。早阪さんも暇だったの？」

「別にそういうわけじゃ……」

言葉は続かなかった。暇といえば（　Ⅳ　）暇だし。

白井くんの顔を見つめた。

今までずっと、白井くんに言うか言うまいか、悩んでたことを口にする。

「西千葉案内、（　Ⅴ　）送ってこなくていいよ」

「そうなの？」

「この街のこと知らないって言ったの、私だけど……その、色々教えてもらっても、あまり意味ないんじゃないかと思って」

白井くんにとっては思い出の場所でも、私にはなんにもない場所でしかない。

それは、どんな場所を教えてもらっても変わらない気がした。

「色々教えてもらったのに、その、ごめんだけど」

①「早阪さんって、律儀《りちぎ》だよね」

突然の言葉に目を瞬《またた》いた。

「俺が一方的に送ってる場所、全部全部回ってさ。証拠《しょうこ》の写真まで送ってくるとか、律儀だなってずっと思ってた」

「それは……教えてくれてるのに、無視するのも悪いし」

「多分、普通はうざかったら無視すんじゃない？　で、忘れてなんもなかったことにする」

……中学時代のことも、そんな風に、なかったことにできたらよかったのかも。

住む街も、学校も変わった。

リセットだって、いくらでもできた気がするのに。

「私、そういうの苦手なのかも」

記憶は残る。

無視なんてできない。

②今さっき、西千葉駅であったことを、ポツポツと白井くんに話した。

話してちょっとすっきりして、同時にちょっとしまったかなって思う。

白井くんとは、お悩み相談をするほど親しいわけじゃない。

こんな話をされても面倒だよな悪かったなって、内心ため息をついていたら。

「俺さ、夏のインハイの前に、陸上部やめたんだよね」

唐突《とうとつ》に、白井くんの話になった。

「脚《あし》、怪我《けが》してさ。リハビリとかすれば部活にも戻れるって言われたけど、普通に生活するのに困らなければいいし、そんなしんどい思いしてまで部活に戻るのも面倒な気がして」

急にシリアスな話になった気がして、反応に困ってしまう。

「それはその……部活に戻らなかったのを、後悔してるって話？」

「いや、別に後悔してないけど」

ちょっと［　Y　］。

「私は怪我とかしてないんだし、やりたいなら今からでも部活やったら？　とかアドバイスしてくんのかと思った」

「えー、それ暑苦しくない？　俺、③そういうキャラじゃないし」

そうなのか。今私がわかったことと言えば、「そういうキャラ」かどうかわかるほど、白井くんとは仲がいいわけじゃないってことくらいだ。

「四月の時点で、早阪さんは部活やるの無理！　って思ってたんだろ？　ならやっぱ、無理だったんじゃない？　って俺は思うけど」

「そういうもの？」

「昔の自分がそう判断したなら、それってもうどうしようもないじゃん」

その考え方は、とてもシンプルだった。

「どうしようもない、か」

「まあ、判断ミスすることもあるだろうけどさ。そういうときは、全力で反省するってことで」

……それなら。

反省、するようなことじゃない気がしてきた。

希実と結菜に会って、昔のことなんて気にしないで部活に入ればよかったって後悔しかけた。

でも、今から何か部活に入りたいかって訊《き》かれたら、そこまでのものじゃない。

そしてそうなると、さっきまでなんでヘコんでたのか、さっぱりわかんなくなってくる。

……まぁ、何はともあれ。

「ありがとう」

④するっとお礼の言葉が口から出てきて、白井くんはふっと笑った。

（神戸遥真『きみとホームで待ち合わせ』より）

問1　空欄（Ⅰ）～（Ⅴ）に入ることばの組み合わせとして、最も適するものを、次のア～エから選び、記号で答えなさい。

	Ⅰ	Ⅱ	Ⅲ	Ⅳ	Ⅴ
ア	なぜか	なんとなく	もう	もちろん	ずっと
イ	もちろん	なんとなく	なぜか	もちろん	もう
ウ	なんとなく	なぜか	もちろん	ずっと	もう
エ	ずっと	なぜか	なんとなく	もう	もちろん

問2 空欄 X 、 Y に最も適する語句を次のア～クからそれぞれ選び、記号で答えなさい。

ア 臨機応変　イ 傍若無人　ウ 明朗快活　エ 単刀直入
オ 強引　カ 小心　キ 拍子抜け　ク 重々しい

問3 ――部①「早阪さんって、律儀《りちぎ》だよね」とありますが、それはどのような点ですか。本文の表現を使って答えなさい。

問4 ――部②「今さっき、西千葉駅であったことを、ポツポツと白井くんに話した。」とありますが、それはどのような内容だと考えられますか。最も適する内容を次のア～エから選び、記号で答えなさい。

ア 中学時代の部活で、ライバルとして競い合った友人に出会い、「私」とは違って、高校でも熱心に部活を続けていて、今では有力な選手として活躍していると自慢されたこと。
イ 「私」が高校での部活動から遠ざかる原因を作った友人に再会し、部活を二分するほど険悪な関係だった二人が、同じ高校で同じ部活を続け、仲良くしている様子をまのあたりにしたこと。
ウ 中学時代、部活のチームワークを乱し、部活なんてこりごりだと「私」に思わせた友人たちが、偶然出会った私に高校での部活に参加することを、熱心に勧めてきたこと。
エ 高校に入って、時間が流れて環境が変わり、中学時代からは想像も出来ないほど変化した友人に出会って、自分だけが取り残されたような気持ちになってしまったこと。

問5 ――部③「そういうキャラ」とはどのような性格ですか。わかりやすく答えなさい。

問6 ――部④「するっとお礼の言葉が口から出てきて、白井くんはふっと笑った。」とありますが、「私」は「白井くん」に対してなぜ「お礼の言葉」を口にしたのですか。その理由を五十字以内で答えなさい。

〔三〕 次の問いにそれぞれ答えなさい。

問1 次の①～③の――部について、それぞれ漢字に直して書きなさい。

① 客をマネく。　② エンギ力をみがく。　③ 集団をトウソツする。

問2 次の①～②の四字熟語があとの【意味】をあらわすように、共通して使われる漢字一字をそれぞれ答えなさい。

① 右（　）左（　）…【意味】あわてふためいて、あっちへ行ったり、こっちへ来たりすること。
② （　）三（　）四…【意味】何度も何度もくりかえすさま。

問3 次の①～④の各組の熟語のうち、組み立てが他と異なるものを、あとのア～エからそれぞれ一つずつ選び、記号で答えなさい。

① ア 意志　イ 再考　ウ 予知　エ 逆行
② ア 寒暖　イ 伸縮　ウ 昇降　エ 停滞
③ ア 開山　イ 起業　ウ 密閉　エ 望郷
④ ア 無人　イ 完治　ウ 不備　エ 未納

2023(R5) 皇學館中
教英出版 国6の5

問4　次の①～⑤の文の——部のことばの意味に最も近いものを、あとのア～ケからそれぞれ一つずつ選び、記号で答えなさい。

①　それでは後の祭りだね。　②　一朝一夕には完成しない。
③　井の中の蛙《かわず》になってしまう。　④　弘法も筆の誤りという。
⑤　友人のスピーチに舌《した》を巻く。

ア　ひとりよがり　イ　無力なもの　ウ　わずかな時間
エ　ひどく感心する　オ　かえってためにならない　カ　間に合わず用をなさない
キ　一方が得をする　ク　すぐれた人物でも間違うことがある　ケ　がっかりする

問5　次のア～エの作者と作品名との組み合わせとして正しくないものを一つ選び、記号で答えなさい。

ア　宮沢賢治…『遠野物語』
イ　松尾芭蕉…『おくのほそ道』
ウ　夏目漱石…『吾輩は猫である』
エ　芥川龍之介…『鼻』

問6　次の作品ア～オのうち、最も古い時代に成立したものを一つ選び、記号で答えなさい。

ア　古今和歌集　イ　伊勢物語　ウ　土佐日記　エ　万葉集　オ　徒然草

問7　次の和歌の（　）に最も適切なものを、あとのア～エから選び、記号で答えなさい。

ちはやぶる　神代もきかず　竜田川　から（　）に　水くくるとは

ア　むらさき　イ　しろじろ　ウ　さみどり　エ　くれない

問8　次のア～エの——部の敬語について、正しく使われているものを一つ選び、記号で答えなさい。

ア　ぼくに申し上げたいことを教えてください。
イ　あとで先生が存じ上げることになっています。
ウ　お客さまがお越しになる時間を確めておきます。
エ　わたくしがいらっしゃることになっています。

問9　次のア～エの——部のうち、他と用法が異なるものを一つ選び、記号で答えなさい。

ア　想像もしないできごと。
イ　さりげないふるまい。
ウ　おさない兄弟を連れて行く。
エ　あぶない所へは行かない。

問10　次のア～エのうち、言葉づかいとして適切でないものを一つ選び、記号で答えなさい。

ア　もしくじに当たったら、よろこぶだろう。
イ　たとえ遠回りになると、残念にちがいない。
ウ　決して遅れることはないと思います。
エ　たぶん天候は回復するでしょう。

1　次の問いに答えなさい。

(1) 次の計算をしなさい。

① $35.5-20.23$　② $6+(8-2\times3)$　③ $1.25+\frac{5}{3}-2\frac{1}{2}$

④ $\frac{2}{3}\times\left(\frac{3}{4}+\frac{3}{5}\right)+1.1$　⑤ $25\times28+24\times25-12\times25$

(2) 次の□，○にあてはまる数を答えなさい。

① 次のデータは，あるゲームを８回行ったときの得点です。得点の中央値は□点です。

9　13　11　16　5　11　19　17　（点）

② $3\times(11-\square)+7=28$

③ □と○の差が13で，積が68になります。

④ [1]，[2]，[3]，[4]の４枚のカードのうち，２枚のカードを選んで２けたの整数をつくるとき，偶《ぐう》数は全部で□個ある。

⑤ $\frac{2}{3}:0.8=5:\square$

2　次の問いに答えなさい。

(1) 縮尺 $\frac{1}{25000}$ の地図上で２cmの長さは，実際には何kmですか。

(2) 時速20kmの速さで45分かかる道のりを，30分で移動するためには分速何mの速さで進めばよいですか。

(3) まっすぐな道の片側にそって電柱が30m間隔《かんかく》で10本並んでいます。１本目と10本目の電柱は何m離《はな》れていますか。

(4) 長さが40cmの針金を折り曲げて，長方形をつくります。縦と横の長さの比が３：２のとき，この長方形の面積は何cm²ですか。

(5) １辺２cmの立方体が右の図のように積み重なっています。右の図の体積は何cm³ですか。

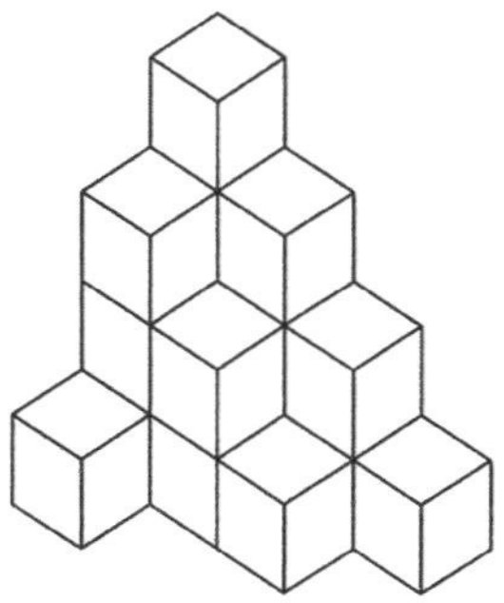

(6) 右の図は円の一部と正三角形ABCと二等辺三角形DBAを組み合わせたものです。二等辺三角形DBAの面積は何cm²ですか。

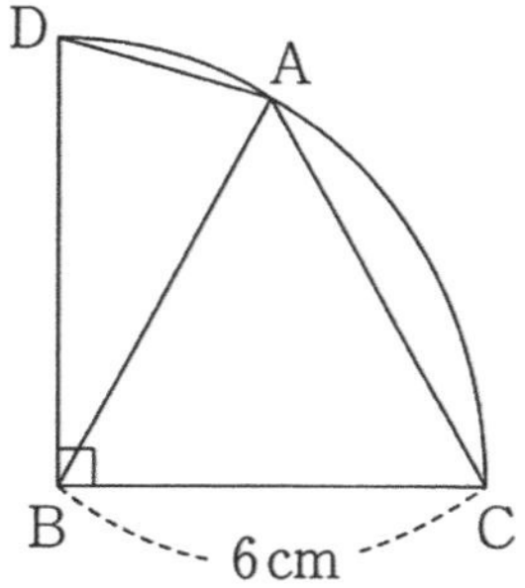

(7) １から順番に整数が書かれたカードがあり，それらのカードに色が塗《ぬ》られています。７種類の色を使い下の表のような規則で塗ったとき，103が書かれたカードには何色が塗られていますか。

赤	橙《だいだい》	黄	緑	青	藍《あい》	紫《むらさき》
1	2	3	4	5	6	7
8	9	10	11	12	13	14
15	16	17	18	19	20	…
			⋮			

(8) 10円玉，100円玉，500円玉の３種類の硬貨《こうか》が合わせて30枚あり，その総額は3170円です。このとき，500円玉は何枚ありますか。ただし，10円玉は10枚以下とする。

３ みささんは自由研究として，方眼紙の中にいくつの正方形がつくれるかを調べることにしました。そこで，縦と横の長さがそれぞれ１cm の方眼紙を使いました。

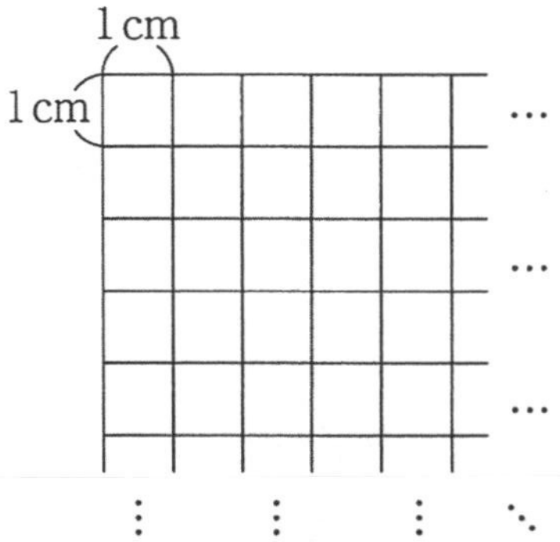

まず、下の図１のような５×５マスの方眼紙を用いて，この方眼紙の中にいくつの正方形があるのかを調べ，まとめました。表１は正方形の１辺の長さを変えたとき，この方眼紙の中にその正方形がいくつあるかを表しています。

みささんの自由研究

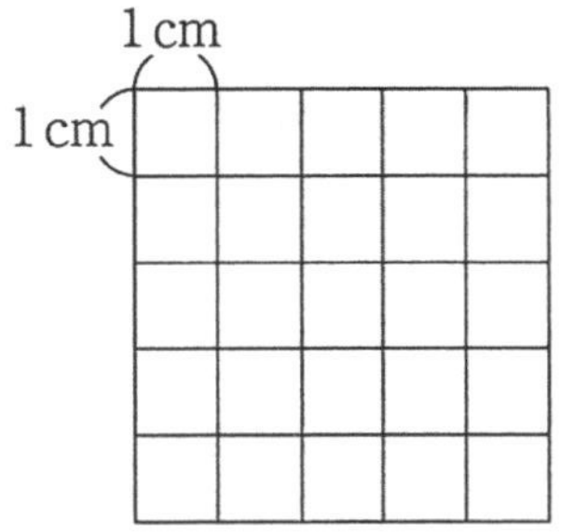

図１

正方形の１辺の長さ	正方形の個数
1 cm	25 個
2 cm	(ア)個
3 cm	(イ)個
4 cm	4 個
5 cm	1 個

表１

≪まとめ≫
5×5 マスの方眼紙の中には，25＋(ア)＋(イ)＋4＋1＝(ウ)個の正方形がある。

次に，みささんは方眼紙のマスの数を変えて，自由研究を進めていくことにしました。このとき，次の問いに答えなさい。

(1) 表１の（ア）にあてはまる数はいくつですか。

(2) 10×10 マスの方眼紙を用いた場合，この方眼紙の中に１辺の長さが 8 cm の正方形はいくつありますか。

(3) 問題文の≪まとめ≫に出てきた(ウ)のように，方眼紙の中に作ることができる正方形の数の合計が初めて 200 個を超えるのは□×□マスの方眼紙のときですか。ただし，□には同じ数が入るものとする。

４ 図１のように直方体を組み合わせた形の容器があり，満水の状態です。排水管《はいすいかん》Ｓを使い１分間に 45cm^3 の割合で容器から排水します。排水を始めてしばらくしてから容器の上部から水がこぼれないように傾《かたむ》けました。数分後に図２のように水面がＡ，Ｂの位置に来たときに排水を止め，容器の上部から点Ｃまでの長さを測ると 10 cm でした。容器に残った水の量を調べるため，図３のように容器の傾きをもとに戻しました。このとき，次の問いに答えなさい。ただし，容器の厚さは考えないものとする。

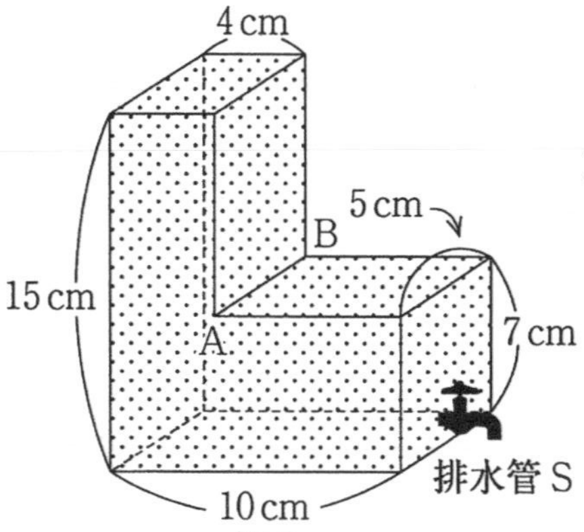

図１

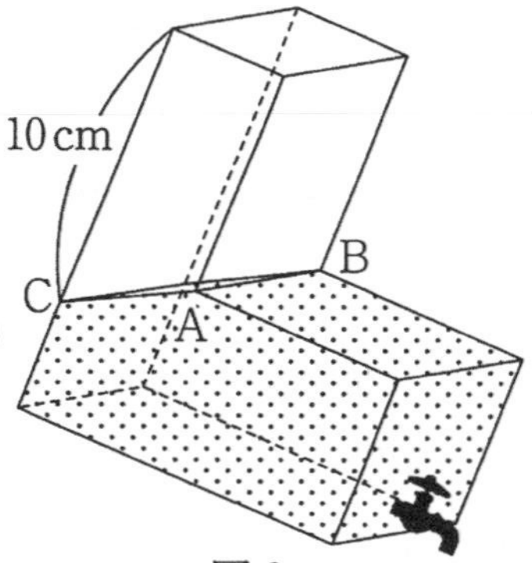

図２

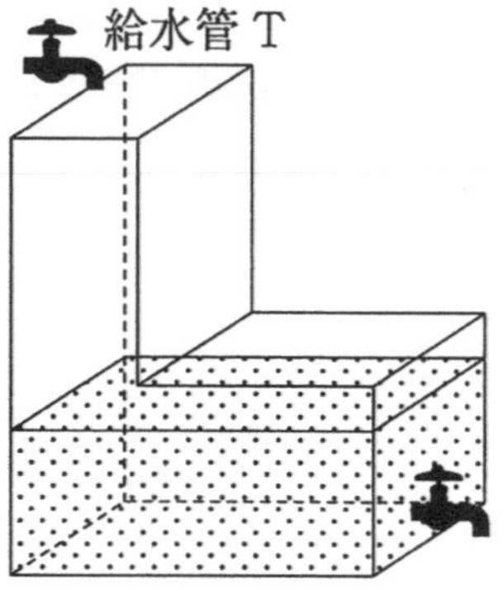

図３

(1) 図３の水面の高さは何 cm ですか。

(2) 図３の状態のまま排水を再開すると同時に，給水管Ｔを使い１分間に 75cm^3 の割合で容器の上部から水を入れます。何分後に容器は満水になりますか。

５ 次の文章は，みささんの日記の一部です。これらを読んで次の問いに答えなさい。

３月 26 日

４月からＫ中学校に通うために自転車を買ってもらいました。通学の練習として，自転車に乗って学校に向かいました。私が家を出て３分後に兄が自転車で追いかけてきてくれました。Ｋ中学校に向かう途《と》中にあるＳ球場で兄にちょうど追いつかれました。

４月７日

今日は入学式でした。家から学校まで車だと，私が自転車で通学にかかる時間より 14 分早く着きました。緊張《きんちょう》していたけど，友達ができてよかったです。

４月８日

家から自転車で登校しましたが，途中で友達に会ったので，そこから歩きながら一緒に登校しました。予定よりも 11 分 30 秒遅く学校に着きましたが，楽しかったです。

みささんの自転車の速さを分速 300 m，兄の自転車の速さを分速 360 m，車の速さを時速 60 km，みささんが歩いた速さを分速 70 m とし，速さはそれぞれ一定とします。３日間とも家から学校までの経路は同じとする。

(1) Ｓ球場は家から何 m の地点にありますか。

(2) ４月８日の登校で，自転車に乗っていたのは何分何秒間ですか。

令和５年度　皇學館中学校　入学試験問題（Ａ日程）　〔英 語〕その１

時間は30分間です。

1． 三つの英文を聞き、絵の内容を最もよく表しているものを１～３の中から一つ選び、記号で答えなさい。

No. 1

No. 2

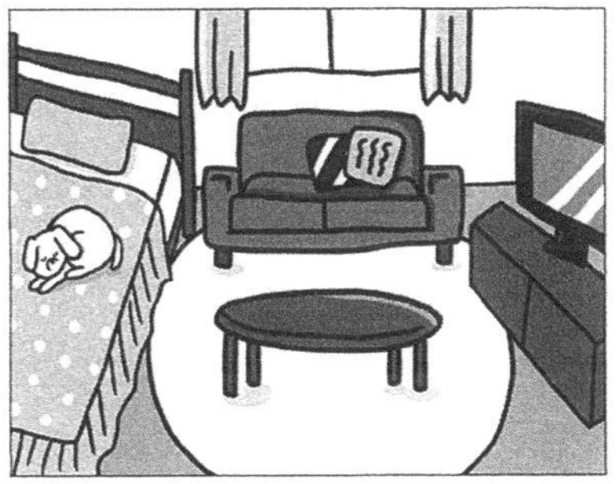

2． 英文を聞いてその内容を最もよく表しているものを a～d の中から一つ選び、記号で答えなさい。

No. 1

a.

b.

c.

d.

No. 2

a.

b.

c.

d.

3． 対話と質問を聞き、その答えとして最も適切なものを１～４の中から一つ選び、記号で答えなさい。

No. 1

1　Mother's Day.
2　Doll's Festival.
3　Shichi-go-san.
4　Children's Day.

No. 2

1　Music.
2　Science.
3　P.E.
4　English.

4． 下のイラストを見て、これから読まれる英語の質問に日本語で答えなさい。

５．（　　　）に入る最も適切な単語を１～４の中から一つ選び、記号で答えなさい。

(1) Mika (　　　) two dogs and a cat.

1 have　　2 move　　3 play　　4 has

(2) I'm looking forward (　　　) the school trip next month.

1 on　　2 to　　3 at　　4 in

(3) This room is too hot. (　　　) you open the window?

1 Please　　2 Is　　3 Can　　4 Are

(4) The month before March is (　　　).

1 January　　2 May　　3 February　　4 April

(5) Let's play badminton (　　　) it's sunny tomorrow.

1 if　　2 but　　3 though　　4 so

６．次の会話文が成り立つように、（　　　）に入る最も適切な単語を１～４の中から一つ選び、記号で答えなさい。

(1) A : You don't look (　　　). Are you okay?
B : I worked late yesterday, so I'm tired now.

1 good　　2 tired　　3 sleep　　4 sad

(2) A : I (　　　) to bring my pencil. Can you lend me one?
B : Of course.

1 forget　　2 leave　　3 learn　　4 forgot

(3) A : Mom! (　　　) didn't you wake me up?
B : I called your name many times, but you were sleeping well.

1 Why　　2 When　　3 Where　　4 What

(4) A : I'm going to go to the library after school. (　　　) you like to come with me?
B : Sure. I want to find a new novel to read.

1 Which　　2 Who　　3 Would　　4 Could

(5) A : What is your best memory of summer vacation?
B : I (　　　) in the Shinano river with my father. It was really fun!

1 swim　　2 swam　　3 swims　　4 swimming

7．次のチラシの表示をみて、質問に**日本語で**答えなさい。

Making Sweets Classes in Ise

Let's make sweets from around the world!

～Dorayaki（Japan）・Financier（France）・Tiramisu（Italy）・Waffle（Belgium）・Brownie（America）～

【Date】Mar. 25th (Sat) ~ 27th (Mon) 13:00 ~ 16:00

※Please come 10 minutes before the class starts.

【Place】Ise Center Square　※A 5-minute walk from Ise Station

【Fee】￥3,600 per lesson, All ingredients included

※If you take 2 lessons, the third is 50% off.

【What to bring】apron・towel・mask・camera

(1)※Please bring a take-out container to put your leftovers in.

【How to book】Official website　http://ise-cooking.com

【Booking deadline】Mar. 15th (Wed) Noon

【More Info】info@ise-cooking.com

ingredients　材料　　leftovers　残り物

①このお菓子《かし》作り教室に参加するには、何時までに教室に行けばよいですか。

②下線部（１）はどういう意味ですか。

③この料理教室に一人で３日間参加する場合、料金は合計でいくらになりますか。

8．例にならって、あなたができることとできないことを、４語以上の英文でそれぞれ１つずつ書きなさい（ただし、同じ動詞を使わないこと。また、例文をそのまま用いないこと）。

（例）カレーライスを作ることができる。

I can cook curry and rice.

令和５年度　皇學館中学校　入学試験問題（Ａ日程）　英語

リスニングテスト　原稿

★教英出版注
音声は，解答集の書籍ＩＤ番号を教英出版ウェブサイトで入力して聴くことができます。

１．三つの英文を聞き、絵の内容を最もよく表しているものを１～３の中から一つ選び、記号で答えなさい。英文は２回読まれます。

No. 1
1. The man is a scientist.
2. The man is a doctor.
3. The man is a police officer.

No. 2
1. The dog is lying on the bed.
2. The dog is sleeping on the sofa.
3. The dog is sitting by the desk.

２．英文を聞いてその内容を最もよく表しているものをａ～ｄの中から一つ選び、記号で答えなさい。英文は２回読まれます。

No. 1
This is a very large animal with very thick skin. It has two tusks and a long nose. It also has big ears.

No. 2
I'll show you the schedule for today's Kogakkan Junior High School tour. First, you will have an orientation in the gym, and eat lunch in the cafeteria. After that, you will have a special English class in Room A. Please have fun with some English quizzes! Then, you will join the tea ceremony. You can serve and have tea there. Finally, we will have a closing ceremony in the gym. I want you all to have a lot of fun today!

３．対話と質問を聞き、その答えとして最も適切なものを１～４の中から一つ選び、記号で答えなさい。対話と質問は、それぞれ２回読まれます。

No. 1
A: Takeshi, look at those carp swimming in the sky! What are they for?
B: They are called "*koinobori*". Today is May 5th, Children's Day. Parents hope that their children will grow up healthy.
A: Oh, that's interesting.
B: We also have Shichi-go-san in November, and Doll's Festival in March. They are also celebrated to pray for the healthy growth and happiness of children.
A: Wow! You have many events for children in Japan!

Q: What event do they NOT talk about?

No. 2
A: The English class was so fun!
B: Yes. I really enjoyed singing English songs. The next class is science, right? Let's go to the science room.
A: No! We have a class schedule change today. The next class is P.E.
B: Oh, really? I didn't know that. Where do we have the P.E class? At the ground or in the gym?
A: In the gym. We're going to play volleyball.
B: OK. Let's change clothes.

Q: What class are they going to have next?

４．下のイラストを見て、これから読まれる英語の質問に日本語で答えなさい。質問は２回ずつ読まれます。

1. How many people are there in the picture?
2. What is the girl on the bench doing?
3. What does the boy with a cap have in his hand?

1

表は、物質ア（以下アとします）が水100gにとける限度の量を、水の温度を変えて調べたものです。　表を参考にして、以下の問いに答なさい。

水の温度　℃	20℃	50℃	70℃	80℃
物質アが水１００ｇにとける限度の量	5 g	20g	40g	80g

A

(1) 70℃の水100gに、アを30gとかしました。アはあと何ｇとけますか。

(2) 80℃の水50gに、アは何ｇまでとかすことができますか。

(3) 80℃の水50gに、アを10gとかしました。この水よう液を冷やしていくとき、水よう液の温度が何℃になると、アの粒がではじめますか。上の表の数値をつかって、答えなさい。

B

80℃の水何ｇかにアを限度いっぱいまでとかした水よう液160gを、50℃まで冷やしました。水の蒸発を考えないものとします。小数第１位を四捨五入して整数で答えなさい。

(4) この80℃の水よう液160gのうち、水は、何ｇありますか。

(5) この80℃の水よう液を50℃に冷やしたとき、アの粒は、何ｇでてきますか。

C

(6) 図のてこで、右側のうでの３の位置におもりをつるして水平につり合わせたいと思います。何個のおもりをつるせばよいですか。

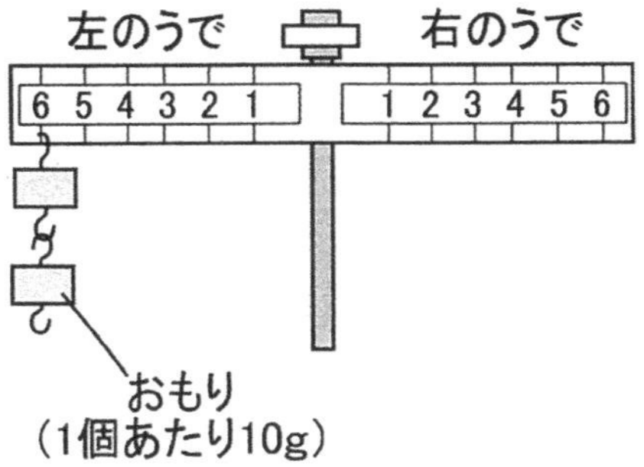

(7) あるばねに、１個あたり10gのおもりを数を変えながらつるすと、そののびは次のようになりました。

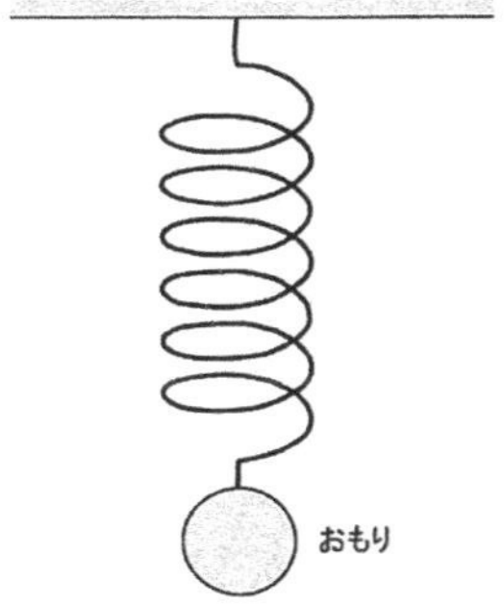

つるしたおもりの数（個）	1	2	3	4	5
ばねののび（cm）	0.8	1.6	2.4	3.2	4.0

次の図のように、同じばねを２本用意して40ｇの物体をつり下げました。ばね１本あたりののびは何cmになりますか。

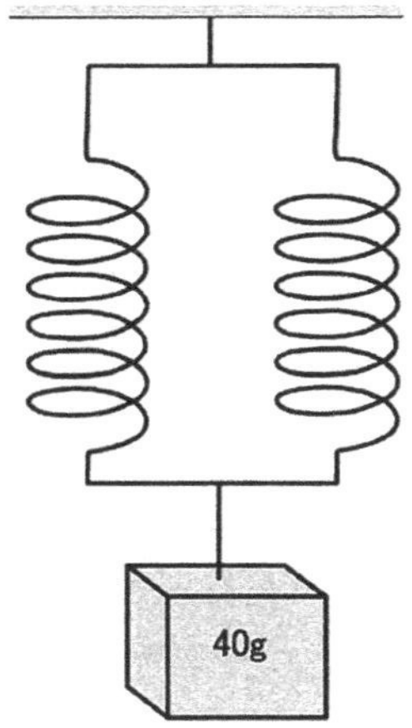

2

水そうにメダカを飼育し、メスに卵を産ませて、個体の数を増やそうと思います。以下の問いに答えなさい。

(1) メダカは、図の矢印の部分の違いで、オスとメスをくべつしています。オスとメスを、それぞれ記号で答えなさい。

A

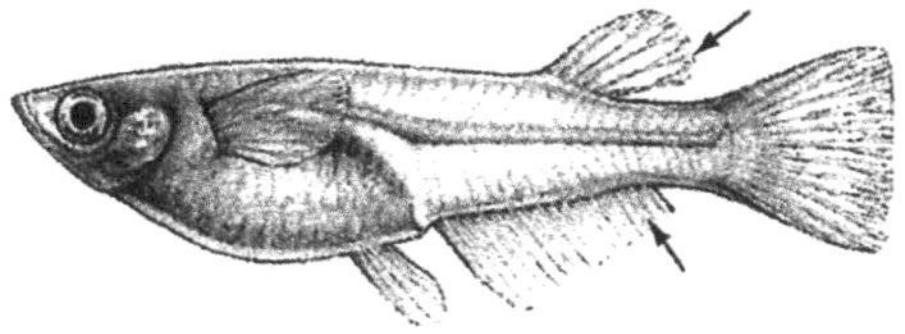

B

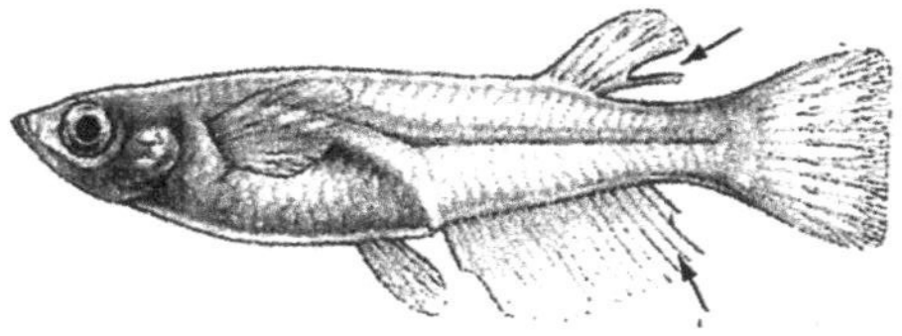

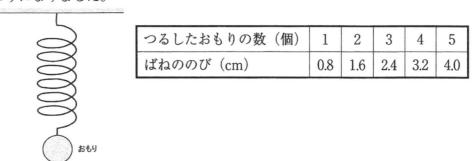

(2) メダカの卵の大きさは、約何mmですか。最も適するものを記号で１つ選びなさい。

ア　0.5mm　　イ　1mm　　ウ　3mm　　エ　5mm

(3) メスが産んだ卵とオスが出す精子が結びつくことを、何といいますか。漢字２字で答えなさい。

(4) メダカの産卵に最も適した水温は、どれくらいですか。以下から記号で１つ選びなさい。

ア　10℃　　イ　15℃　　ウ　20℃　　エ　25℃

(5) メダカの産卵行動は、(4) の水温の時、以下のどの時間帯に多く行われていますか。記号で１つ選びなさい。

ア　夜中から明け方　　イ　明け方から正午　　ウ　正午から夕方

(6) (4) の水温で精子が結びついた卵を育てると、約何日後に新しい個体が卵から出てきますか。最も適するものを記号で１つ選びなさい。

ア　２日から４日後　　イ　５日から７日後　　ウ　11日から14日後

(7) 日本のメダカは、ブラックバスやブルーギルに、食べられていま絶滅《ぜつめつ》危《き》惧種《ぐしゅ》となっています。ブラックバスやブルーギルの個体数を減らすには、どのようなことをすればいいですか。具体的に１つあげなさい。

3

図１のようにA～Cの３地点でボーリング調査を行って地層の様子を調べました。図２はその結果をまとめたものです。これら３地点には、いずれも同じ火山のふん火による、同じ時代の火山灰の層が見られました。

図１

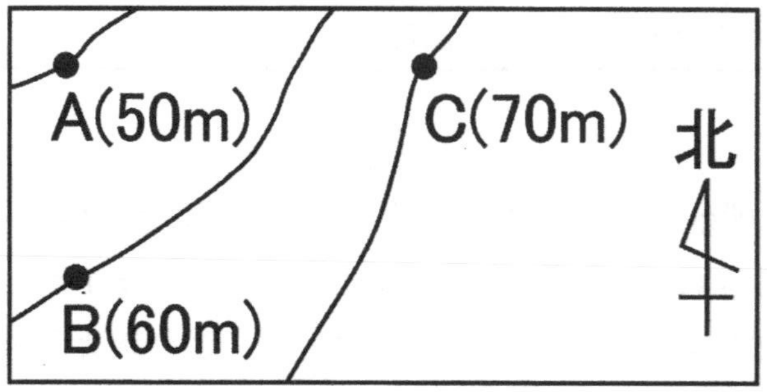

数字は海面からの高さ(海抜《かいばつ》)

図２

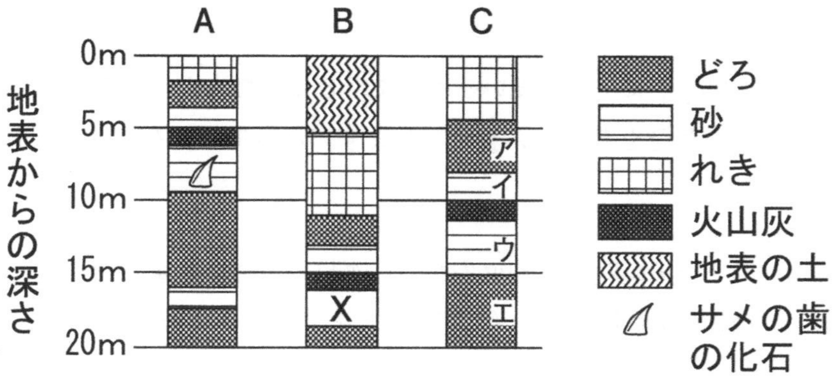

(1) Aの中で、もっとも速い流れのもとでたい積したと考えられるのはどの層ですか。

(2) BのXの層は、どろ・砂・れき・火山灰のうちどの層だと考えられますか。

(3) Aでは図に示した層からサメの歯の化石が出ました。Cでサメの歯の化石をさがすのならば、ア～エのどの層をさがせばよいですか。

(4) サメの歯といっしょに出てくる化石として考えられるものは次の①～⑤のどれですか。すべて選んで番号で答えなさい。

①　木の葉　　②アサリ　　③タニシ　　④フナ　　⑤ウニ

(5) この地域の地層は東西南北のどの方向にかたむいていますか。東、西、南、北で答えなさい。

1　次の会話文を読み、それぞれの問いに答えなさい。

太郎：寒くなってきたから、あたたかいお茶がとても美味しいね。お茶といえば、①静岡県が有名だよね。

花子：静岡県も有名だけど、②鹿児島県が静岡県を抜いて全国１位になったってニュースで聞いたような気がするけど、私の勘違《かんちが》いかな。

太郎：ちょっと調べてみるね。2020年の収穫量《しゅうかくりょう》は静岡県が１位で、鹿児島県が２位だね。

花子：インターネットで調べると、出荷額で2019年に１位となったとあるね。

太郎：2000年のデータでは、お茶の収穫量は静岡県46.5％で、鹿児島県22.3％と大きな差があったけど、2020年は静岡県36.1％で、鹿児島県34.2％だからかなり差が縮まったね。出荷額で鹿児島県が上回ったのも鹿児島県が追い上げている証拠《しょうこ》だね。

花子：20年でも大きな変化があるんだね。お茶以外でも何か変わっているところはないか調べてみよう。

問１　下線部①について、次の地形図は静岡県内の茶の栽培《さいばい》がさかんな地域を示しています。地形図中にある茶畑の地図記号として正しいものを、右のア～エのうちから一つ選び、記号で答えなさい。

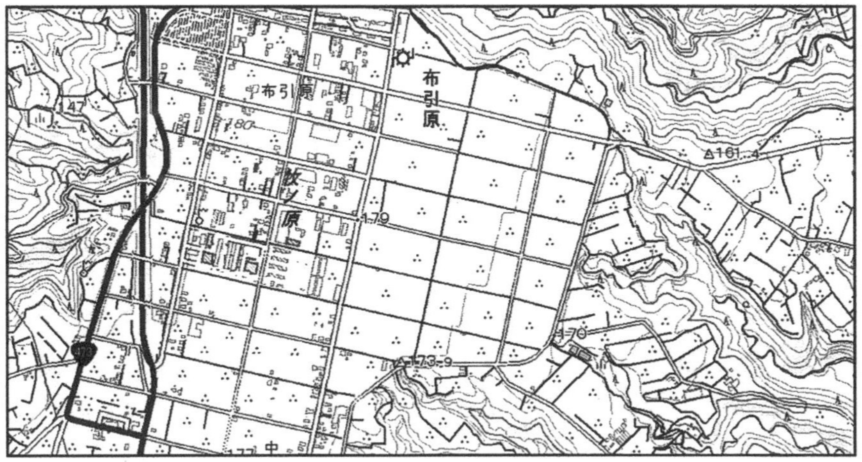

（国土地理院発行２万５千分の１地形図）

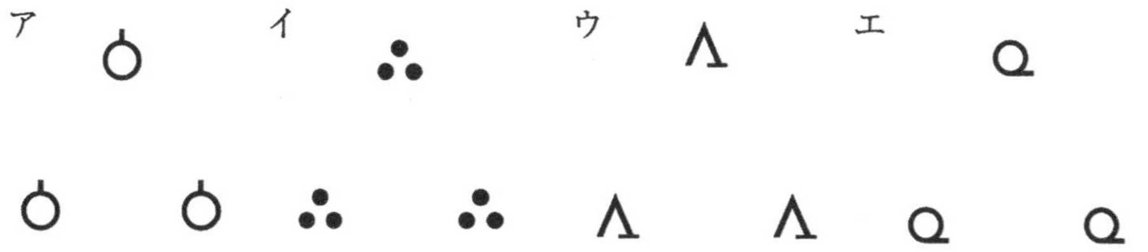

問２　下線部②について、鹿児島県は茶の栽培以外にも豚の飼育にも力を入れています。次の表は、豚の飼育頭数が上位の都道府県を示しています。この中で、都道府県名と都道府県庁所在地名が違うものの組み合わせとして正しいものを、下のア～カのうちから一つ選び、記号で答えなさい。

順位	１位	２位	３位	４位	５位
豚の飼育頭数（万頭）2021年	鹿児島県 123.4	宮崎県 79.7	北海道 72.5	群馬県 64.4	千葉県 61.5

（日本国勢図会2022/23より）

ア　鹿児島県・宮崎県　　イ　宮崎県・北海道　　ウ　北海道・群馬県
エ　群馬県・千葉県　　オ　鹿児島県・北海道　　カ　北海道・千葉県

問３　太郎さんは、面積に注目して調べました。1980年と2020年では最も面積が小さい都道府県が変わっていることに気づきました。面積の変化を表した次の表を見て、大阪府の面積が増加している理由として、当てはまるものを下のア～エのうちから一つ選び、記号で答えなさい。

面積の変化		1980年	2020年
	香川県	1880㎢	1864㎢
	大阪府	1877㎢	1905㎢

（データでみる県勢2022より）

ア　大阪府では、関西国際空港のように海を埋め立てる工事を行ったから。
イ　大阪府では、河川の洪水《こうずい》対策として川幅《かわはば》を広げる護岸工事を行ったから。
ウ　大阪府では、世界遺産となった百舌鳥《もず》・古市古墳群《ふるいちこふんぐん》などの遺跡《いせき》の整備を行ったから。
エ　大阪府では、環境対策としてのリサイクル施設の整備を行ったから。

令和５年度　皇學館中学校　入学試験問題（Ａ日程）　〔社会〕その２

時間は30分間です。

問４　花子さんは、産業別人口構成に注目して調べました。2000年と2017年の数値の変化を話し合っている会話文中の空欄《くうらん》Ａに当てはまる語句をあとのア～エのうちから一つ選び、記号で答えなさい。

	第一次産業	第二次産業	第三次産業
2000年	5.3%	29.6%	63.9%
2017年	3.4%	24.1%	72.5%

（データでみる県勢2002・データでみる県勢2022より）

太郎：表を見ると、第一次産業の割合が減少しているね。第一次産業って具体的にはどういった産業が含まれているのかな。

花子：第一次産業は、農業・林業・（　Ａ　）が含まれているよ。

ア　鉱工業　　イ　商業　　ウ　サービス業　　エ　水産業・漁業

問５　花子さんは、年齢《ねんれい》別農業従事者の割合というグラフを見つけました。問４の表と関連させて、農業にはどのような問題が起こっているのか、簡潔《かんけつ》に説明しなさい。

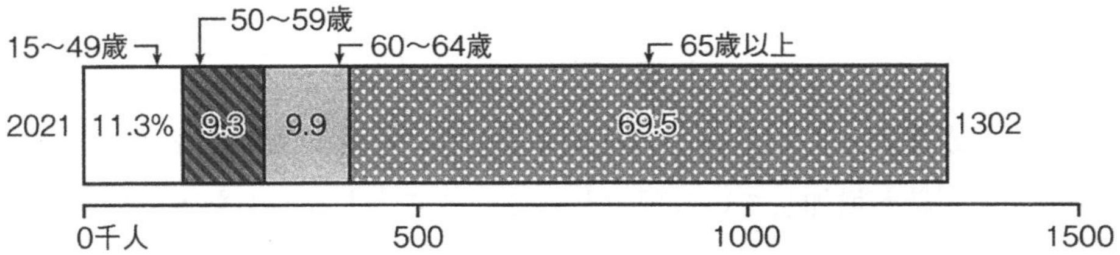

（日本国勢図会2022/23より）

問６　太郎さんは、自動車の保有台数と交通事故発生件数の推移を調べました。自動車の保有台数は増加しているのに対して、道路交通事故の発生件数は2000年から2020年の間は減少しています。交通事故を防ぐための自動車の工夫にはどのようなものがあるのか、簡潔に説明しなさい。

	1980年	2000年	2020年
自動車の保有台数　四輪車	37083千台	70902千台	76706千台
道路交通事故の発生件数	476677件	931934件	309178件

（データでみる県勢2002・データでみる県勢2022より）

問７　太郎さんは、1980年から2000年の自動車の保有台数の増加には、道路交通網の発達があるのではないかと考えました。調べた結果、この期間に本州四国連絡橋《れんらくきょう》が整備されたことがわかりました。次の雨温図はそれぞれ釧路《くしろ》市・秋田市・高松市・那覇《なは》市を表しています。四国地方の高松市を示しているものを、ア～エから一つ選び、記号で答えなさい。

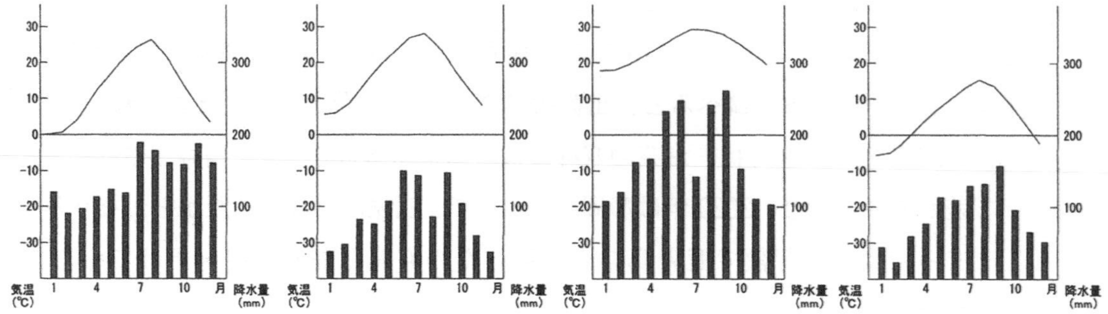

ア　　イ　　ウ　　エ

問８　太郎さんは、自動車について調べていく中で次世代自動車の生産についても近年増加していることがわかりました。その調べを進めていく中で、「カーボンニュートラル」という語句を発見しました。これは地球温暖化につながる温室効果ガスの排出量を全体としてゼロにすることを示しています。下のア～オの文章の中で、日本国内での温室効果ガスの一つである二酸化炭素削減《さくげん》につながるものをすべて選び、記号で答えなさい。

ア　石炭や石油から水力や風力などの再生可能エネルギーに切り替《か》える。

イ　過去に起こった公害の教訓を学び、環境保全の技術をアジア各国へ伝える活動を行う。

ウ　クールビズ・ウォームビズなどを実施してエアコンの温度を調節する。

エ　リンを含んだ洗剤《せんざい》の使用をやめ、各家庭から汚れた水を出さないようにする。

オ　マイバックやマイボトルなどを持参して、レジ袋《ぶくろ》やペットボトルの使用を減らす。

2　中学生の太郎さんと花子さんの会話の一部を読んで、それぞれの問いに答えなさい。

太郎：最近、ニュースで①ウクライナと②ロシアのニュースをよく見かけるよ。この問題はロシアがウクライナに対して、2022年２月24日に軍事侵攻《しんこう》したことがきっかけで始まったと思っていたけど、実はその前から両国は争いがあったんだ。花子さん、知ってたかな。

花子：両国の争いといえば、領土問題だよね。そうそう、クリミア半島という名前だったよね。国際社会全体が注目して終息するために考えていかないといけない問題だよね。ロシアとウクライナの問題は、日本にも大きな影響を及ぼしているね。

問１　文中の下線部①について、ウクライナの首都名を答えなさい。また次の地図を見て、ウクライナの位置として正しいものを地図中のア～エから一つ選び、記号で答えなさい。

問２　文中の下線部②について、ロシアと日本は領土をめぐる問題を抱えている。ロシアによる不法占拠《せんきょ》が行われている日本固有の領土を何というか、漢字四字で答えなさい。

問３　太郎さんと花子さんは、この後、日本の社会のしくみについて調べました。次のまとめの文章を読み、あとの問いに答えなさい。

〈日本社会について〉
日本社会にはさまざまなルールがあるが、そのルールの核となるのが憲法である。憲法には、基本原則があり、これは、国民主権・①基本的人権の尊重・平和主義の三つである。また、国の政治は、国会・内閣・裁判所の三つの機関が分担して仕事を進めている。2022年７月10日には、国民の代表者の一部である②参議院議員通常選挙が行われた。これらの代表者により、国の法律や国の③お金のことなど重要事項《じこう》が決定していくため、④選挙は非常に大切だ。

（１）下線部①について、次の資料は1989年の国連総会で採択《さいたく》され、日本も1994年に認めた条約の一部要約です。この条文を読み、空欄【　A　】に当てはまる語句をあとのア～エのうちから一つ選び、記号で答えなさい。

（前文）【　A　】は、社会のなかで、一人の人間として認められ、平和、尊厳《そんげん》、自由、平等、連帯の精神のもとで育てられなければならない。
（第６条）この条約を結ぶ国々は、【　A　】はみんな、人間らしく生きる権利を持っていることを認める。
（第12条）【　A　】は、自分に関係のあることについて、自由に自分の意見を表す権利を持っており、これは【　A　】の発達に応じて、十分に考えられなければならない。

ア　子ども　　　イ　大人　　　ウ　男性　　　エ　女性

（２）下線部②に関連して、日本の国会は衆議院と参議院の二院制を採用しています。衆議院の投票率に関する次のグラフを読み、下のア～オの説明文の内容が正しいものをすべて選びなさい。

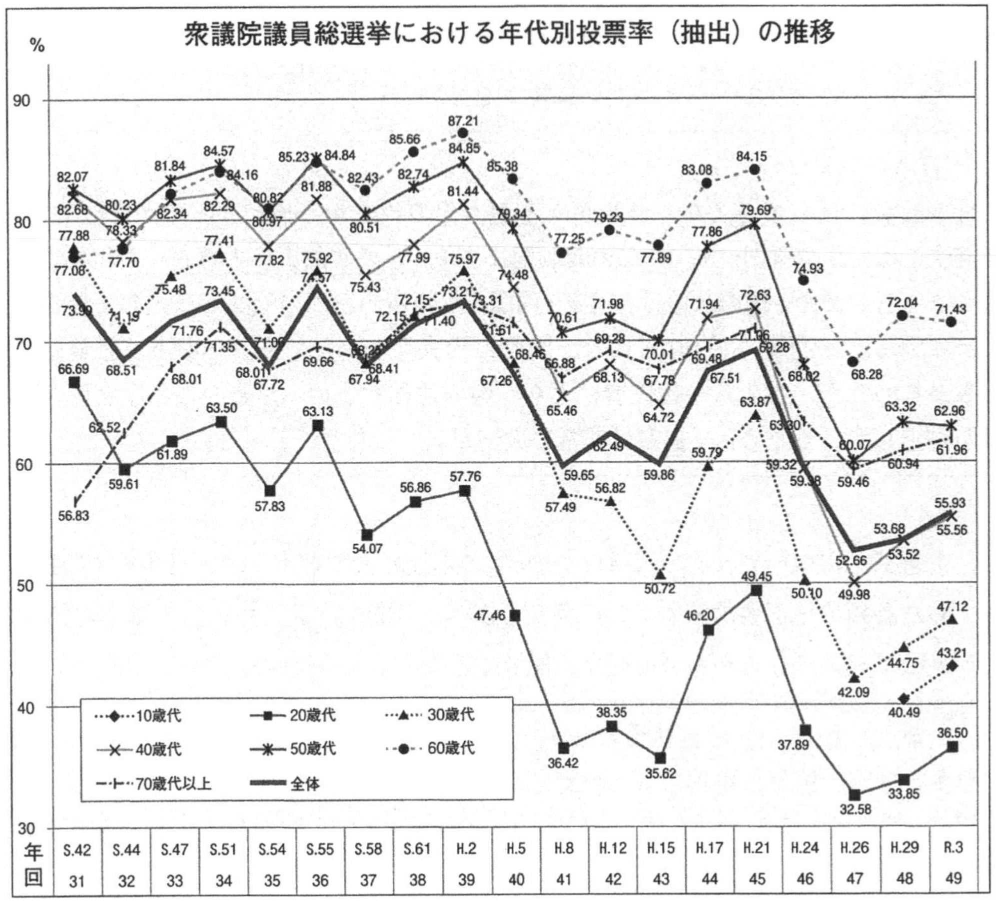

ア　衆議院議員の任期は６年であるため、６年ごとに選挙が行われている。

イ　10歳代の投票率は常に20歳代より高く、30歳代より低くなっている。

ウ　60歳代の投票率はどの年代よりも常に高い。

エ　どの選挙においても投票率がワースト１位は20歳代である。

オ　平成21年（第45回）と平成24年（第46回）の投票結果を比較《ひかく》して、投票率が一番下がった年代は30歳代である。

（３）下線部③に関連して、2024年から新紙幣《しへい》が発行されます。次期１万円札の人物として正しいものを次のア～エのうちから一つ選び、記号で答えなさい。この人物は、「日本資本主義の父」と呼ばれ、日本初の銀行である第一国立銀行を開業した人物です。

ア　野口英世　　イ　西郷隆盛　　ウ　板垣退助　　エ　渋沢栄一

（４）下線部④に関連して、私たちの代表者を選出する選挙において述べた次の文章（a）（b）を読み、その正誤の組み合わせとして正しいものを、あとのア～エのうちから一つ選び、記号で答えなさい。

（a）衆議院議員に立候補できる年齢は、30歳以上である。
（b）政治にとって国民の声は大きな力となるが、この国民の声のことを「国民審査」という。

ア	（a）正	（b）正	イ	（a）正	（b）誤
ウ	（a）誤	（b）正	エ	（a）誤	（b）誤

問４　太郎さんと花子さんは、日本について調べていく中で、国民にとって住みやすい街づくりを行うための方法を考えました。次の説明文と具体例が表す、住みやすい街づくりのための考え方は何か。カタカナ十字で答えなさい。

【説明文】
年齢・障がいの有無・性別・国籍《こくせき》などに関係なく、すべての人が使いやすくなるようにつくられた製品や生活環境のこと

【具体例】
海外からの旅行者や細かい文字が見えにくいお年寄りなどすべての人に伝わりやすくするために、交通機関・観光施設《しせつ》・商業施設など様々な場所で「ピクトグラム」を利用する。

3　中学生の太郎さんと花子さんは、自由研究で近年注目されている「SDGs」について調べまとめました。この内容について、それぞれの問いに答えなさい。

問1　太郎さんはSDGsの「　A　」個の目標の中でも、「2．飢餓《きが》をゼロに」に興味を持ち、日本の食の歴史について調べることにしました。

（1）文章中の空欄「　A　」に当てはまる数字を答えなさい。

（2）約1万2000年前の日本は、狩《か》りや漁で生活が行われていました。当時の狩猟《しゅりょう》に使われていた道具について述べた以下の文章（a）（b）を読み、その正誤の組み合わせとして正しいものを、あとのア～エのうちから一つ選びなさい。

（a）動物の骨や角、また石で作られた道具が使用された。
（b）当時の人々は、食べ物を煮炊《にた》きしたり、蓄《たくわ》えたりするための土器を作りはじめ、これらは弥生土器と呼ばれる。

ア　（a）正　（b）正　　イ　（a）正　（b）誤
ウ　（a）誤　（b）正　　エ　（a）誤　（b）誤

（3）日本には約1800年前にあった水田やむらのあとが残る遺跡で写真のような建物が残っています。この建物の名前を答え、建物の特徴《とくちょう》を簡潔に説明しなさい。

（4）太郎さんは調べを進めていくうちに、食文化が進展《しんてん》していく過程《かてい》で「くに」が誕生し、古墳がつくられたことを学びました。4世紀から5世紀頃の中心人物は大王と呼ばれたが、当時は、各地の王を大王の政府の役人とする政治のしくみが整えられました。この政府を何というか、答えなさい。

問2　花子さんは、「5．ジェンダー平等を実現しよう」に関心を持ち、調べている中で、一人の人物のことを知りました。次の文章は、その人物を象徴《しょうちょう》する一場面です。文章を読んで、あとの問いに答えなさい。

> 「みな心を一つにしてわたしの言うことを聞きなさい。これが最後の言葉です。【　B　】様が平氏をたおして鎌倉に幕府を開いてからの①御恩は、山よりも高く、海よりも深いものです。お前たちも感謝の気持ちが浅くないでしょう。名誉《めいよ》をたいせつにする者は、早く敵を討《う》ち取り、源氏三代の将軍が築《きず》きあげたものを守りなさい。」

（1）文章中の空欄【　B　】に当てはまる人物名を答えなさい。

（2）下線部①について、「御恩」とはどういったことを示しているのか、「将軍」・「御家人」という二つの語句を用いて、簡潔に説明しなさい。

（3）この演説が行われたのは1221年のある争いが関係しています。この争いの名前を答えなさい。

（4）次の説明文ア～エの中から、室町時代に起こった出来事として正しいものを一つ選び、記号で答えなさい。

ア　足利義満が勘合符《かんごうふ》を用いた明との貿易を開始した。
イ　徳川家光が参勤交代の制度を定め、大名は1年おきに江戸と領地を往復した。
ウ　聖武天皇が都に東大寺を建てて、巨大な金銅の仏像をつくらせた。
エ　藤原氏が摂関政治《せっかんせいじ》を展開し、藤原道長のときに最も栄えた。

（５）室町時代に関する次の文章（a）（b）を読み、その正誤の組み合わせとして正しいものを、あとのア～エのうちから一つ選び、記号で答えなさい。

（a）室町幕府は足利尊氏によって開かれ、この人物は慈照寺《じしょうじ》に金閣を建てた。
（b）室町時代に建立《こんりゅう》した銀閣は、書院造という建築様式を用いた。

ア　（a）正　（b）正　　イ　（a）正　（b）誤
ウ　（a）誤　（b）正　　エ　（a）誤　（b）誤

4　次の会話文を読み、それぞれの問いに答えなさい。

太郎：小学校のときに転校した友達から手紙が届いたんだ。
花子：どこに転校したのかな
太郎：沖縄県だよ。海の近くに住んでいて、とってもきれいなんだって。
花子：うらやましいなぁ。そういえば、昨日私の家にも北海道に住んでいるおじさんから荷物が届いたんだ。中身は海産物だったと聞いたよ。
太郎：北海道には行ったことがないけど、北海道の海もきれいなんだろうね。
先生：太郎さん、花子さん、何のお話をしていたのかな？
（太郎・花子が話の内容を説明する）
先生：沖縄と言えば、2022年に沖縄返還《へんかん》50年の式典が行われたね。
花子：テレビのニュースで見ました。
太郎：50年前は…1972年になりますね。
先生：当時の佐藤栄作首相は、ノーベル平和賞を受賞しているんだよ。北海道も2021年に新しく「北海道・北東北の縄文遺産群」が世界遺産に登録されたね。
太郎：北海道にも沖縄にもいろんな歴史があったんだね。
花子：ちょっと調べてみましょうよ。

太郎と花子は先生の助言を受けて、表を作成した。

時代	全国	北海道	沖縄
江戸時代	1641年　オランダ人を出島に移す鎖国《さこく》の完成	①松前藩《まつまえはん》との交易	薩摩藩《さつまはん》の支配下に 1853年　②ペリーが那覇を訪れる
明治時代	1871年　廃藩置県	1869年　蝦夷地《えぞち》を北海道と改める	1879年　沖縄県となる

問１　下線部①について、アイヌの人々から松前藩に取引された品物の具体例として正しいものを、次のア～エのうちから一つ選び、記号で答えなさい。

ア　生糸・絹《きぬ》織物　　イ　木綿《もめん》・朝鮮人参《にんじん》
ウ　黒砂糖・中国の産物　　エ　サケ・コンブ

問２　江戸時代の沖縄は、まだ沖縄という名前ではなく15世紀初めに成立した尚氏《しょうし》の王国が存在していました。この王国の名前を答えなさい。

問３　下線部②について、幕府はペリー来航の翌年、1854年に日米和親条約を結びました。アメリカ合州国大統領の国書には３つの要求が書かれていました。その３つの要求の空欄Ａ・Ｂに当てはまる言葉をあとの条約文から抜き出して答えなさい。

大統領の国書に書かれた要求

・難破《なんぱ》したアメリカ船の（　Ａ　）を保護すること ・アメリカ船に（　Ｂ　）を与えること ・アメリカと貿易を行うこと

日米和親条約（要約）

第１条	日本とアメリカは、永久の和親を取り結ぶ。これに場所や人の例外がないこと。
第２条	伊豆の下田と松前の函館《はこだて》の２港は、アメリカ船が薪《まき》・水・食料・石炭などの不足する品物を買う目的に限り、来航を許す。
第３条	アメリカの船が日本に漂着《ひょうちゃく》したときは、その乗員を下田・函館に送り、本国の者に引き渡すこと。
第４条	漂着した乗員の待遇《たいぐう》は、他国と同じく自由とし、幽閉《ゆうへい》することなどないようにすること。
第７条	アメリカ船が下田と函館に渡来したときは、貨幣《かへい》や品物をもって、必要なものを調達することを認めること。
第８条	薪・水・食料・石炭など不足する品物を求めるときは、役人が取り扱い、それ以外の取引をすることはあってはならない。
第９条	日本政府が他の国に対し有利な条約を結ぶ場合は、その条項《じょうこう》をアメリカにも追加するようにすること。

問４　３つの要求の中で、日米和親条約では認められなかった貿易は、その後、別の条約で認められることになりました。1858年に結ばれたアメリカとの貿易を認めた条約の名前を答えなさい。

問５　太郎さんと花子さんは、調べを進めていくうちに三重県出身で「北海道の名付け親」と呼ばれる松浦武四郎という人物にたどり着きました。この人物が活躍《かつやく》した江戸時代末期から明治時代のできごとⅠ～Ⅲを古い順から正しく並べたものを、あとのア～カのうちから一つ選び、記号で答えなさい。

Ⅰ　大塩平八郎の乱が起こる　　Ⅱ　西南戦争が起こる　　Ⅲ　江戸城の無血開城

ア　Ⅰ→Ⅱ→Ⅲ　　イ　Ⅰ→Ⅲ→Ⅱ　　ウ　Ⅱ→Ⅰ→Ⅲ
エ　Ⅱ→Ⅲ→Ⅰ　　オ　Ⅲ→Ⅰ→Ⅱ　　カ　Ⅲ→Ⅱ→Ⅰ

問６　1951年に調印したサンフランシスコ平和条約において、日本は国際社会に復帰することとなりました。しかし、沖縄の復帰は認められませんでした。次のア～エのできごとのうち、1951年以降に起こったものとして正しいものを一つ選び、記号で答えなさい。

ア　日本国憲法が施行《しこう》される　　イ　ポツダム宣言を受け入れる
ウ　高度経済成長がはじまる　　エ　女性の参政権が認められる

問７　沖縄が日本に復帰した1970年代のできごととして正しいものを、次のア～オのうちから二つ選び、記号で答えなさい。

ア　石油危機（オイルショック）がおこる
イ　第１回の東京オリンピックが開催《かいさい》される
ウ　ベルリンの壁が崩壊《ほうかい》する
エ　日韓基本条約が結ばれる
オ　日中平和友好条約が結ばれる

令和5年度（A日程）

国語　解答用紙

〔一〕

問1　A　B　C　D

問2　Ⅰ　Ⅱ　Ⅲ　Ⅳ

問3　X　Y

問4

問5

問6

問7

〔二〕

問1

問2　X　Y

問3

問4

問5

問6

〔三〕

問1　①　②　③

問2　①　②

問3　①　②　③　④

問4　①　②　③　④　⑤

問5

問6

問7

問8

問9

問10

受験番号
得　　点
※100点満点 （配点非公表）

令和５年度　（A日程）

算　数　解答用紙

受験番号	得　点
	※100点満点 （配点非公表）

1	(1)	①		②		③	
		④		⑤			
	(2)	①		②		③	□　　○
		④		⑤			

2	(1)	km	(2)	分速　m
	(3)	m	(4)	cm^2
	(5)	cm^3	(6)	cm^2
	(7)	色	(8)	枚
3	(1)		(2)	個
	(3)	×　マスの方眼紙		
4	(1)	cm	(2)	分
5	(1)	m	(2)	分　秒間

令和５年度　（A日程）

英　語　　解答用紙

受験番号	得　　点
	※50点満点 （配点非公表）

1

No.1	No.2

2

No.1	No.2

3

No.1	No.2

4

①	②
③	

5

(1)	(2)	(3)	(4)	(5)

6

(1)	(2)	(3)	(4)	(5)

7

①

②

③

8

令和５年度　（A日程）

理　科　解答用紙

受験番号	得点
	※50点満点（配点非公表）

1

A(1)　g	(2)　g	(3)　℃
B(4)　g	(5)　g	
C(6)　個	(7)　cm	

2

(1)オス	メス	(2)
(3)漢字２字で	(4)	(5)
(6)		
(7)		

3

(1)	(2)	(3)
(4)	(5)	

令和５年度　（A日程）

社　会　解答用紙

受験番号	得　点
	※50点満点 （配点非公表）

1				
	問１		問２	
	問３		問４	
	問５			
	問６			
	問７		問８	

2				
	問１	首都名　　位置		
	問２		問３	（１）
	問３	（２）　　（３）		
		（４）	問４	

3				
	問１	（１）　　（２）　　（３）名前		
		（３）　特徴		
		（４）	問２	（１）
		（２）		
		（３）　　（４）　　（５）		

4				
	問１		問２	
	問３	A　　B		
	問４		問５	
	問６		問７	

令和4年度　皇學館中学校　入学志願者学力試験（A日程）

国　語（その一）

（解答時間は50分）

注意 … 字数を指示している問題は、すべて句読点を含みます。

〔一〕次の文章を読んで、あとの各問いに答えなさい。（ただし、出題の都合上、表現を改変・削除した部分があります。）

暦《こよみ》をぱっと見たいときに使うのは、壁掛けカレンダーや卓上カレンダー、手帳。あるいは携帯などの電子機器を使う人がいまでは多いでしょうか。しかし、古来、暦を形に残す方法はさまざまでした。ホライズン・カレンダーなどもそのひとつです。そこには、これまで見てきた素晴らしい芸術要素が加わったカレンダーのように、アートと融合《ゆうごう》した美しい暦がいくつもあります。その代表とも言える暦を見てみましょう。

まずご紹介したいのが、紀元前一六〇〇年ごろのA青銅器時代につくられたと言われる①ネブラ・スカイディスクです。これは一九九九年に旧東ドイツのネブラ村で盗掘によって発見されたのですが、非常に貴重なもののため情報をつかんだ考古学者がおとり捜査《そうさ》に協力し、闇《やみ》市場での売買をよそおって奪還《だっかん》するという武勇伝も残る遺物です。

現在は、ライプツィヒの近郊都市、ハレというところのザクセン・アンハルト州立先史博物館のB目玉展示になっています。実は二〇〇五年の愛知万博で日本にやってきたので、運のよい方はご覧になっているかもしれません。

ネブラ・スカイディスクは毎日の日付を知るためのものではなく、ホライズン・カレンダーのように日の出と日の入りを表象したもので、円盤形をしています。形のイメージとしては、天体観測のときに使用する星座早見表などが近いでしょうか。これをネブラ村付近で使用すると、夏至《げし》と冬至《とうじ》における日の出と日没の方向がわかります。

青銅に金箔《きんぱく》を施《ほどこ》した造形が実に美しい逸品で、制作に使用された金と銅を分析《ぶんせき》したところ、金はイギリスの南西端にあるコーンウォールというところから、銅はオーストリアにある東アルプスの鉱山から産出されたものだということがわかりました。紀元前一六〇〇年にはヨーロッパをまたいで広く交易がおこなわれていたことを示す材料にもなっています。

C直径約三一センチメートルの青銅の円盤のなかには、三日月と満月、そして三二個の星が金箔であしらわれています。そのほかにも二〇センチメートルほどの曲線が縁《ふち》に二本施され、またもう一本、②のちに追加されたと言われる謎の曲線があります。実はこの謎の曲線は、古代エジプトのレリーフなどで有名な太陽の舟だと言われています。太陽は夜、西の空に沈んだあと、月が照らす夜の世界を舟でもう一回航行していると考えられており、それを太陽の舟といいます。古代エジプトのものがヨーロッパに伝えられており、各地でこれに似た造形を見ることができます。ここではただ単に抽象《ちゅうしょう》的な半円球であらわされていますが、これは宗教的な意味あいを込めてつけ加えられています。月や星は天文学的なもので宗教性はほとんどありませんが、この舟は宗教的なものなので、後から追加された装飾《そうしょく》とみなされています。

描かれた星々のなかのひとつにスバルがあります。日本ではななつ星と呼ばれることもある星で、三日月の近くに描かれています。このスバルに関して、古代バビロニアには「春の月に、スバルの近くに三日月しかあらわれなかったら、閏月を入れよ」という碑文（石造りの柱などに刻まれた記念の文章）が残されています。［　Ⅰ　］太陰太陽暦において二〜三年に一度不定期に挿入される閏月は、春にスバルの近くに三日月しかあらわれない年に入れる、という法則があったということです。ここから、ネブラ・スカイディスクは閏月の決定に使われていたという説もあります。

紀元前一六〇〇年代のヨーロッパにこのようなD機能をもち、さらに美的に装飾された暦があったということは、③人々をとても興奮させました。なぜかというと、ヨーロッパは古代エジプトや古代メソポタミアから見ると文明の遅れた地域とみなされていたわけですが、ネブラ・スカイディスクの存在がそれをくつがえしたからです。美しい造形表現に加え、古代のエジプトやメソポタミアと同じような観念を共有していたことは、ヨーロッパの人々を熱狂させ、各地で展示が行われると数多くの人が鑑賞に訪れたといいます。

年代を考えると比較的新しいですが、古代文明でつくられた芸術的な暦としてはアステカの「暦石」も挙げることができます。一四世紀ごろからメキシコ盆地で栄えたアステカ文明の首都テノチティトラン（現在のメキシコシティ）で一八世紀に発見された暦石は、直径三・六メートル、厚さ約一メートル、重さ二四トンもある巨大な石造レリーフです。

メキシコの国立人類学博物館に展示されている実物の暦石は暦でありながら、その芸術的価値の高さから現代の私たちの目を引いてやみません。

［　Ⅱ　］、日本にはネブラ・スカイディスクやアステカの暦石のような美術的価値の高い暦はなかったのでしょうか？暦を直接展示するものとしては中世を待たなければなりませんが、暦にかかわるアーティスティックな壁画は残されています。みなさんもよくご存じの④奈良県明日香村のキトラ古墳に描かれた壁画です。

七世紀末〜八世紀はじめにつくられたキトラ古墳には、キトラ天文図と呼ばれる太陽や月の動きを円周でE表象しているものと、青龍《せいりゅう》・白虎《びゃっこ》・朱雀《すざく》・玄武《げんぶ》という東西南北の方角をつかさどる四神、十二の方角と十二支を示す獣頭人身十二支像が描か

2022(R4) 皇學館中
教英出版　国6の1

れています。彩色鮮やかで金箔もふんだんに使われた壁画です。

　これは、当時の天文学的な知識を知る上では非常に貴重な資料です。というのも、実は現存する日本最古の暦である具注暦（日付に関する吉凶などを注記する、暦注を具《そな》えた暦）は六八九年暦であり、まさに同じ明日香村内の遺跡で発見されているのです。この時代の暦を作成するために使用された天文知識が残されたキトラの壁画は直接の暦ではありませんが、暦を考える上で美術的価値も資料的価値もたいへん高い貴重な素材と言えるでしょう。

（中牧弘允「世界をよみとく『暦』の不思議」より）

問1　＝＝部A～Eの語のよみをそれぞれひらがなで書きなさい。

問2　――部①「ネブラ・スカイディスク」は、約三六〇〇年前に作られた人類最古の天文盤と言われ、一九九九年、ドイツ中央部のネブラで発見されました。これについて、次の問いに答えなさい。

(1)　どのような形をしていますか。本文中の語を使って三字以内で答えなさい。

(2)　使用されている金や銅の金属を分析した結果、わかったことは、さらにどのような事実を示していますか。本文中から三十五字で抜《ぬ》き出し、はじめと終わりの五字をそれぞれ答えなさい。

問3　空欄《くうらん》［Ⅰ］、［Ⅱ］に入れるのに最も適切な語を次のア～エからそれぞれ選び、記号で答えなさい。

［Ⅰ］　ア　もし　イ　つまり　ウ　にもかかわらず　エ　たとえ

［Ⅱ］　ア　しかし　イ　だから　ウ　なぜなら　エ　では

問4　――部②「のちに追加されたと言われる謎の曲線」とほぼ同じ意味を表している語句を本文中から五字以内で抜き出して答えなさい。

問5　――部③「人々をとても興奮させました」とありますが、その理由として最も適切なものを次のア～エから選び、記号で答えなさい。

ア　古代のエジプトやメソポタミアで栄えた文明が現代のヨーロッパにまさっていることが証明されたから。

イ　現代のヨーロッパにおいても美的に装飾された暦が受け継がれているという事実を知ることができたから。

ウ　紀元前一六〇〇年代のヨーロッパが古代エジプトなどと同じような観念を共有していたことになるから。

エ　ネブラ・スカイディスクがあまりにすばらしい暦の仕組みによってヨーロッパの人々の心をとらえたから。

問6　――部④「奈良県明日香村のキトラ古墳に描かれた壁画」とありますが、筆者はこの「壁画」をどのようなものとして評価していますか。本文中の表現を使って答えなさい。

問7　本文の内容をふまえ、あなたは私たち人類がこれまで「暦」を使って時を刻《きざ》んできたことについてどのように考えますか。五十字以内で答えなさい。

国語（その三）

〔二〕 次の文章を読んで、あとの各問いに答えなさい。（ただし、出題の都合上、表現を改変・削除した部分があります。）

帰り道、家の近所のコンビニに寄った。お父さんのために紙パックのリンゴジュースとカップのバニラアイス（高級なほう）をカゴに入れた。風邪《かぜ》のときに食べると、のどが冷たくて気持ちがいいと思ったから。

自分のぶんも買いたかったけれどお金が足りず、仕方がないので棒《ぼう》付きの安いアイスキャンディで我慢《がまん》した。アイスキャンディは、いつでもわたしたちの味方だった。たとえ、果汁が一パーセントだったとしても。

コンビニから家まで約百メートル。

日射しはまだ強いけれど、それは真夏のものより薄《うす》まっている気がした。

もうすぐお父さんの誕生日だ。乙女座《おとめざ》生まれなのが子どものころは恥ずかしかったと、前にお父さんは言っていた。

「ただいま」

家の中はひっそりとしていた。お母さんは、まだファミレスのパートのはずだった。

「入るよ」

お父さんたちの寝室のドアを軽くノックしてから開くと、お父さんが布団の中で「おかえり」と笑った。太陽の光がカーテンの隙間《すきま》から差し込んでいる。西日のせいで部屋は蒸《む》すのに、クーラーの温度は高めに設定してあった。お父さんは夏のタオルケットを胸まで引き上げていた。おでこには冷却シートを貼《は》り付けている。

「学校終わったのか？　すいぶん寝てたんだなぁ」

「どうなの」

「だいぶマシになってきた」

「熱、まだあるの？」

「さあ、どうだろう、下がってきたんじゃないかな」

お父さんの口のまわりには、うっすらとヒゲが伸びていた。六畳の部屋の中は「男の人」というよりオジサンのにおいで充満している。

「アイス食べる？」

「アンナが買ってきてくれたのか？　悪いなぁ」

「①別に。わたしも食べたかったから」

お父さんはゆっくり起き上がり、カップアイスを受け取った。

お父さんがひとりでアイスを食べるのが（　A　）思えて、わたしもその場でアイスキャンディの袋を破《やぶ》いた。

「座って食べればいいじゃないか」

お父さんは言った。

「いいの、このままのほうが楽だし」

座ってしまうと、いかにも看病してますという感じになって照れくさい。ドアのすぐ近くの壁にもたれて、わたしはアイスキャンディをかじった。

「うまいなぁ、冷たくて」

（　B　）アイスを口に運ぶお父さんは、いつもより歳《とし》とって見えた。コンビニでもらったプラスチックのスプーンじゃなく、家のスプーンを持ってきてあげれば良かったなと思った。

「お父さんって、今、何歳？」

「四十七」

「ふうん」

「中年だよなぁ」

「まぁ、そうだね」

「四十七歳になってるアンナって、どんなだろうな」

「ならないもん」

「どうして」

「なりたくないから」

「大人になるの、嫌《いや》か？」

「嫌。絶対、嫌。ぜんぜんなりたくない」

「そうか」

お父さんは少し笑った。（　C　）ような気分になる。

「大人ってつまらなそうだから」

2022(R4) 皇學館中
教英出版　国6の3

そう言ったものの、それではお父さんに悪いような気がして付けくわえた。

「でも中学もつまらない。早く高校生になって、ずーっと高校生のままがいい。大人にはならなくていい」

「そうだなぁ、お父さんも大人になりたくないって、まだ思うことあるなぁ」

お父さんは意外なことを言う。もう大人のくせして。

「大人になりたかった大人って、案外少ないんじゃないかってときどき思うんだよ。いつの間にか大人って呼ばれるようになっていて、結構みんなびっくりしてるんじゃないかなぁ」

アイスキャンディが猛スピードで溶けはじめ、わたしは慌《あわ》てて食べ終えた。②でも、まだお父さんの話を聞いていてもいいと思った。

「なぁ、アンナ。ボイジャーってわかるか？」

「ロケットの？」

「うん。ボイジャーは、一九七七年、お父さんが高校生のときに打ち上げられた探査機《たんさき》なんだ」

「ふうん」

「あいつは太陽系のいろんな星のデータを地球に送りつづけて、まだ宇宙を飛んでいるんだよ。そして今は太陽系をあとにして、未知の世界に向かって飛びつづけている」

「だから？」

「③そのボイジャーにはレコードが搭載《とうさい》されているんだ」

「レコード？」

「うん。そのレコードには、六十何ヵ国のあいさつの声とか、動物の鳴き声、風の音、ほかにもいろんな地球のささやきが入っているんだよ」

お父さんの声は、風邪のせいでかすれている。ベッドの枕元には、空になったコップと、読みかけの小説が一冊置いてあった。

「なんのために？」

「なんのためだと思う？」

「さあ」

思い浮かばなかった。

「宇宙のどこかで、誰かが、それを見つけて聞いてくれるかもしれないって考えたのさ」

「誰かって……ひょっとして宇宙人？」

「まぁ、そういうことさ」

お父さんは食べ終えたアイスクリームのカップの底を見ていた。

「アンナ、面白いと思わないか？　大人なのにそんなことを考えるなんて」

「うん」

「大人なら、宇宙人がレコードを手にするなんて、おそらくないってことくらいわかるからね。でも、それをやってみようと考えたのは大人なんだ」

「小学生みたい」

「そうだな、そうなんだ。（　　D　　）なんだ。お父さんも、自分があと少ししたら五十歳なんて信じられないときがある。つい最近まで十四歳だった気さえするんだよ」

「変なの」

「変だなぁ。オヤジなのになぁ。ほら、最近、頭もちょっと薄くなってきてるし」

お父さんは笑いながら横になった。まだしんどそうだった。

「もう寝たら。リンゴジュースも買ってきたから」

「そうだな、ちょっと寝ようかな。うまかった、ありがとう」

リビングから新しい冷却シートを持って来てお父さんに渡すと、お父さんは、また「ありがとう」と言って目をつむった。

（益田ミリ「アンナの土星」ＫＡＤＯＫＡＷＡより）

国語（その五）

問1　空欄（　A　）～（　D　）に入れるのに適切な語句を次のア～エからそれぞれ選び、記号で答えなさい。

A…ア　不自然に　　イ　かわいそうに　　ウ　ねたましく　　エ　心配に

B…ア　目を細めて　　イ　首を長くして　　ウ　鼻を鳴らして　　エ　背中を丸めて

C…ア　気をつかわれた　　イ　はげまされた　　ウ　バカにされた　　エ　嫌われた

D…ア　子どもみたい　　イ　宇宙人みたい　　ウ　大人みたい　　エ　高校生みたい

問2　――部①「別に。わたしも食べたかったから」とありますが、「わたし」がそのように答えたのはなぜですか。その理由として最も適切なものを次のア～エから選び、記号で答えなさい。

ア　正直に言って父親のことがあまり好きではなかったから。

イ　アイスが食べたい口実として父親の風邪を利用していたから。

ウ　その場のなりゆきでつい心にもない嘘《うそ》をついてしまったから。

エ　いかにも父親のためを思っているようで気恥ずかしかったから。

問3　――部②「でも、まだお父さんの話を聞いていてもいいと思った」とありますが、それはなぜですか。その理由を簡潔《かんけつ》に答えなさい。

問4　――部③「そのボイジャーにはレコードが搭載《とうさい》されているんだ」とありますが、何のために「レコード」が積み込《こ》まれていたのですか。その理由を「～と考えたから。」という表現に続くように三十五字以内で答えなさい。

問5　本文の内容をふまえ、あなたはどのような大人になりたいと思いますか。五十字以内で答えなさい。

〔三〕　次の問いにそれぞれ答えなさい。

問1　次の①～③の――部について、それぞれ漢字に直して書きなさい。

①　さがしモトめる。

②　ケワしい道のりを行く。

③　イキオいよく出発する。

問2　次の①～②の四字熟語があとの【意味】をあらわすように、共通して使われる漢字一字をそれぞれ答えなさい。

①　（　）思（　）愛…【意味】互いにしたい合っていること。

②　（　）発（　）中…【意味】予想などがすべて当たること。

問3　次の作者と作品名との組み合わせとして正しいものを、あとのア～エから一つ選び、記号で答えなさい。

ア　芥川龍之介…『羅生門』

イ　夏目漱石…『竹取物語』

ウ　太宰治…『老人と海』

エ　遠藤周作…『風立ちぬ』

国語（その六）

問4　次の①～④の各組の熟語のうち、組み立てが他と異なるものを、あとのア～エからそれぞれ一つずつ選び、記号で答えなさい。

①　ア　動静　イ　増減　ウ　有無　エ　上達
②　ア　頭痛　イ　再現　ウ　確保　エ　予備
③　ア　読書　イ　知識　ウ　卒業　エ　離陸
④　ア　未定　イ　無害　ウ　空想　エ　非常

問5　次の①～⑤の文の―部のことばの意味に最も近いものを、あとのア～コから一つずつ選び、それぞれ記号で答えなさい。

①　蛇足かもしれないが、伝えておくよ。　②　兄はいつも自分は大器晩成だという。
③　それではあぶはちとらずだ。　④　父は石橋をたたいて渡る性格だ。
⑤　まもなく仕事にけりがつくころだ。

ア　たいへん用心深い　イ　余計なもの　ウ　決着する　エ　見通しがつく
オ　年をとってからみとめられる　カ　逆効果　キ　体力にめぐまれている　ク　頑固《がんこ》だ
ケ　どちらもだめになる　コ　危《あぶ》なげなく安心できる

問6　次の作品ア～オのうち、最もあとの時代に成立したものを一つ選び、記号で答えなさい。

ア　万葉集　イ　古今和歌集　ウ　竹取物語　エ　奥の細道　オ　枕草子

問7　次の和歌の（　）に入れるのに最も適切なものを、あとのア～エから選び、記号で答えなさい。

ほととぎす　鳴きつる方を　ながむれば　ただありあけの（　）ぞ残れる

ア　花　イ　鳥　ウ　風　エ　月

問8　次のア～エの――部の敬語について、正しく使われているものを一つ選び、記号で答えなさい。

ア　自分がさきにめしあがっていいですか。
イ　社長がおまいりになるまでしばらくお待ちください。
ウ　わたくしがごらんになる限り、間違いありません。
エ　先生がおっしゃる通りだと思います。

問9　次のア～エの――部のうち、他と用法が異なるものを一つ選び、記号で答えなさい。

ア　人に見られても気にしない。
イ　留学先の学校で歓迎された。
ウ　昔のことがなつかしく思い出される。
エ　申し込みがようやく受理される。

問10　次のア～エのうち、言葉づかいとして適切でないものを一つ選び、記号で答えなさい。

ア　おそらく明日は雲一つなく晴れるでしょう。
イ　あの小説、全然おもしろいにちがいないよ。
ウ　まさかそんなことが起こることはあるまい。
エ　万が一、君が勝ったら、約束は守るからね。

1 次の問いに答えなさい。

(1) 次の計算をしなさい。

① 202.2 − 19.78　② 13 + (49 − 7 × 6)　③ $4-\frac{7}{2}+1\frac{2}{3}$

④ $\frac{5}{8}\div\left(\frac{1}{3}+\frac{1}{4}\right)-\frac{1}{7}$　⑤ $0.25\times41-\frac{1}{4}\times11+0.25\times6$

(2) 次の□，○にあてはまる数を答えなさい。

① 次のデータは，あるゲームを20回行ったときの得点です。最頻値は□です。

5	7	8	2	5	7	4	5	9	3
8	5	9	4	7	3	5	5	8	1

② 70 − (123 − □) ÷ 2＝25

③ 十の位を四捨五入して1400になる数のうち，最も大きい整数と最も小さい整数の差は□です。

④ 分母と分子の和が60で，約分すると$\frac{4}{11}$になる分数は□です。

⑤ (1時間12分39秒)：(2時間□分○秒) ＝ 3：5

2 次の問いに答えなさい。

(1) 下のような展開図を組み立ててできる角柱の体積は何cm^3ですか。

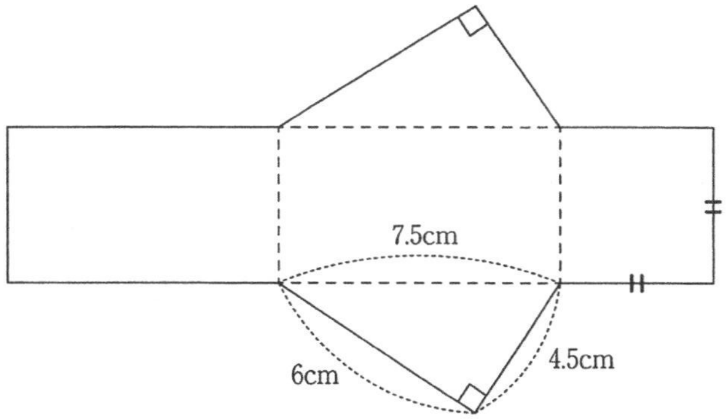

(2) 分速300ｍで270秒間走るとき，進む道のりは何ｍですか。

(3) 3500円の６割は7000円の何％ですか。

(4) 連続する３つの整数の和が2022になるとき，この３つの整数のうち，最も小さい整数はいくつですか。

(5) ある水そうに水を入れるとき，大きな容器と小さな容器をそれぞれ10杯《ぱい》ずつ使うと水そうがいっぱいになりました。また，大きな容器７杯と小さな容器15杯を使っても水そうがいっぱいになりました。このとき，大きな容器だけを使うと何杯で水そうがいっぱいになりますか。

(6) 1辺が30cmの正方形の紙を，右の図のように折り返しました。紙が重なった部分の面積と▒部分の面積が等しいとき，ABの長さは何cmですか。

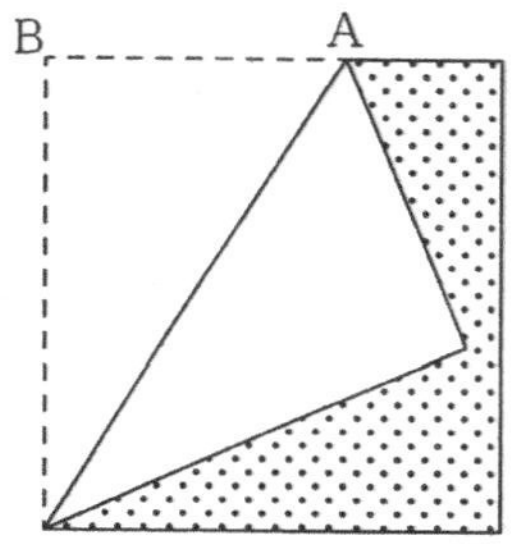

(7) 右は，正方形とひし形を組み合わせた図です。あの角度は何度ですか。

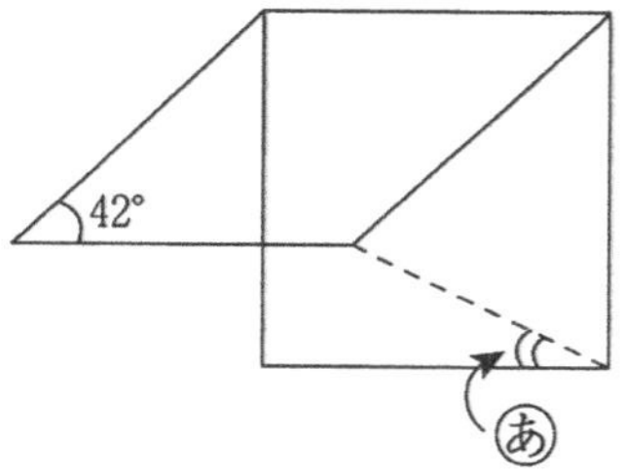

(8) 下のあみだくじは正しくありません。①～⑧の線のうち，いくつかを取り除き，正しいあみだくじをつくります。取り除く必要がある番号をすべて答えなさい。

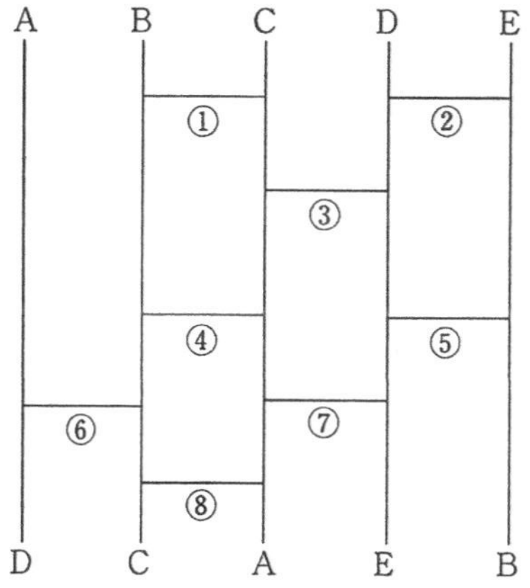

(9) まりさんを含《ふく》む15人の児童が算数のテストを受けました。15人の得点の平均が，まりさんを除く14人の得点の平均より0.8点高くなりました。まりさんの得点が84点のとき，15人の得点の平均は何点ですか。

3 下の【図１】のような高さ 50 cm の三角柱の形をした容器に１秒間に 30 cm^3 の割合で水を入れる。4 分 40 秒間水を入れてからふたをし，【図２】のように四角形 ABCD が底面となるように倒《たお》した。このとき，次の問いに答えなさい。ただし，容器やふたの厚さは考えないものとする。

(1)【図１】の水面の高さは何 cm ですか。

(2)【図２】の水面の高さは何 cm ですか。

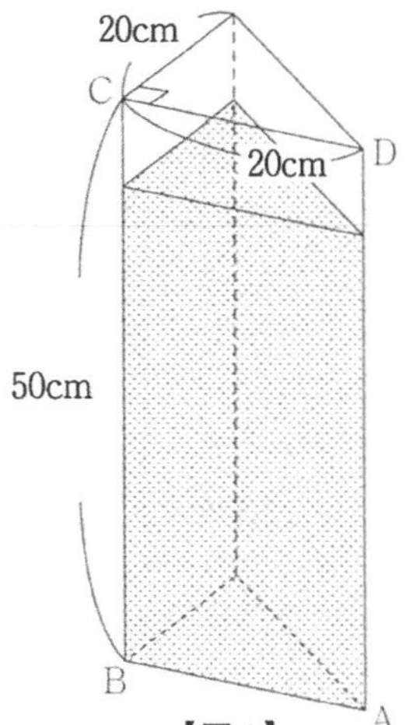

【図１】

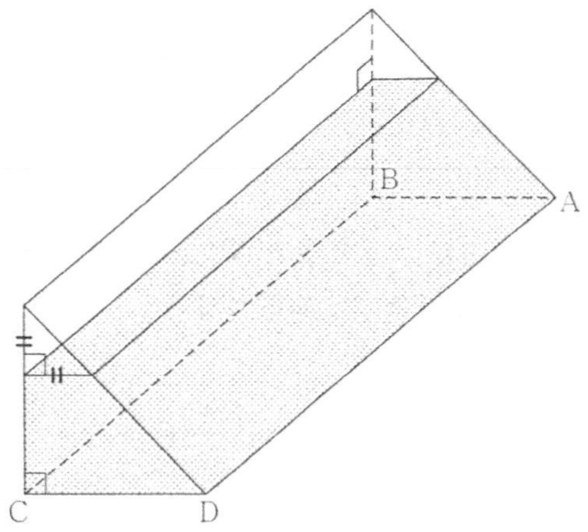

【図２】

4 はるみさんは A 地点から 10 km 離れた B 地点へ向かいます。はるみさんは A 地点から歩き始め，途《と》中で 10 分間の休憩《けい》をしたあと走ったので，出発してから２時間で B 地点に着きました。下のグラフはその様子を表したものですが，一部がかかれていません。このとき，次の問いに答えなさい。ただし，歩く速さと走る速さはそれぞれ一定とする。

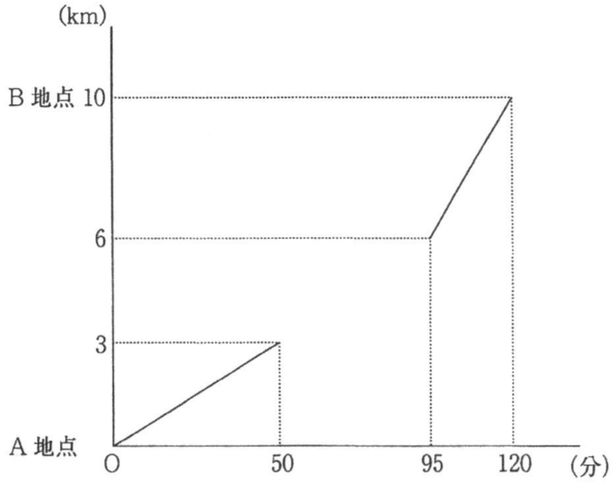

(1) はるみさんが休憩後に走った速さは分速何 m ですか。

(2) はるみさんが休憩をした場所は A 地点から何 m の地点ですか。

5 多角形の面積を求める方法の１つに【ピックの定理】がある。

方眼が交わる点のことを格子点といい，

この【ピックの定理】とは，１目もり 1 cm の方眼紙に多角形があり，

・多角形の辺上の格子点の数（○の個数）

・多角形の内部の格子点の数（●の個数）

に注目する方法で，

『面積＝(○の個数)÷2＋(●の個数)−1』

となります。

例えば，右の【図１】の三角形 ABC の面積は，

○の個数が 6，●の個数が 25 なので，

$6 \div 2 + 25 - 1 = 27$ cm^2 です。

このとき，次の問いに答えなさい。

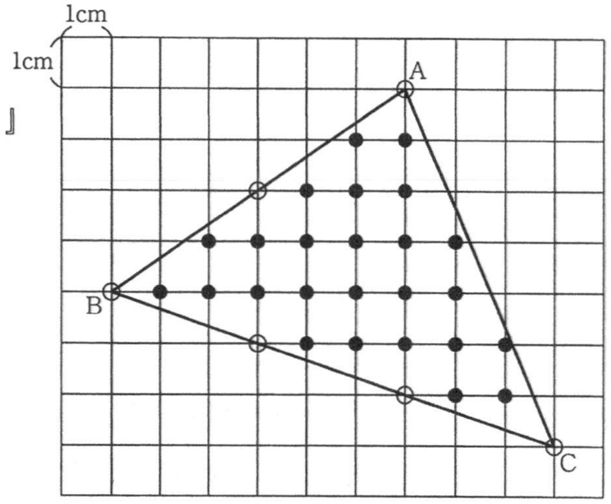

【図１】

(1)【図２】の五角形の面積は何 cm^2 ですか。ただし，１目もり 1 cm の方眼とする。

(2)【図３】のような四角形の一部が１目もり 1 cm の方眼にかいてあります。格子点 G を１つ決めて，四角形 DEFG の面積が 36 cm^2 となるように，点 G を解答用紙にかき入れなさい。

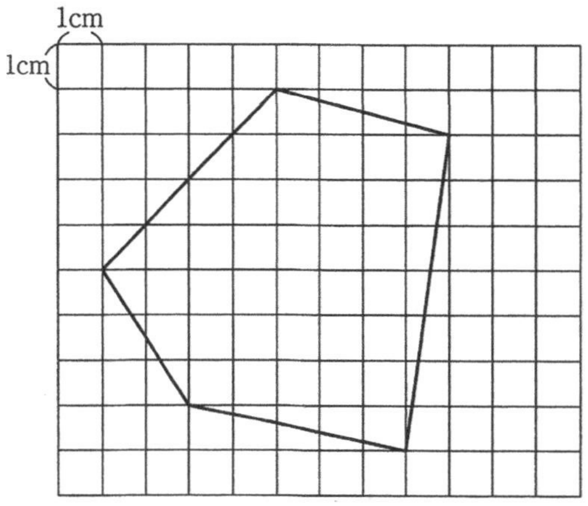

【図２】

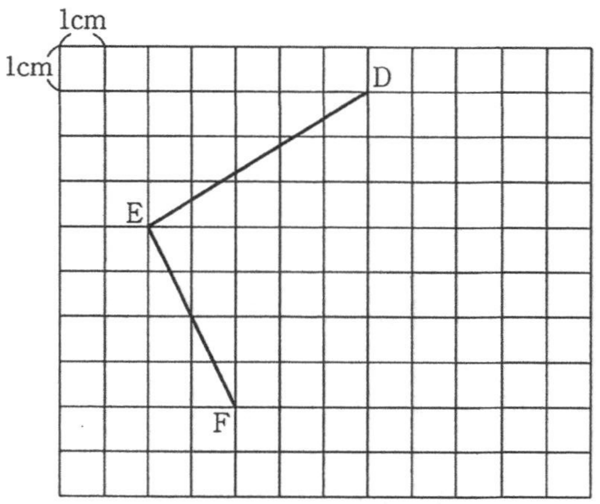

【図３】

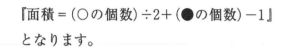

★教英出版注
音声は，解答集の書籍ＩＤ番号を
教英出版ウェブサイトで入力して
聴くことができます。

令和４年度　皇學館中学校　入学試験問題（Ａ日程）　〔英　語〕その１

時間は30分間です。

1． 三つの英文を聞き、絵の内容を最もよく表しているものを１～３の中から一つ選び、記号で答えなさい。

No. 1

No. 2

2． 英文を聞いてその内容を最もよく表しているものをa～dの中から一つ選び、記号で答えなさい。

No. 1

a.

b.

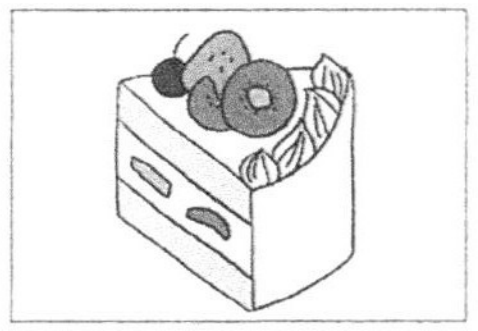

c.

d.

No. 2

a.

b.

c.

d.

3． 対話と質問を聞き、その答えとして最も適切なものを１～４の中から一つ選び、記号で答えなさい。

No. 1

1　Watch an anime movie.
2　Go swimming.
3　Go fishing.
4　Watch a sci-fi movie.

No. 2

1　The tea ceremony club.
2　The baseball club.
3　The basketball club.
4　The Japanese club.

4． これから３人の留学生がそれぞれ自己紹介《しょうかい》をします。自己紹介を聞いて、それぞれの留学生の出身国や好きなことなどをまとめた下の表の（　　）に入る語を、それぞれ日本語で答えなさい。

名前	Jack	Leon	Miguel
出身国	オーストラリア	（　②　）	メキシコ
趣《しゅ》味や好きなこと	（　①　）	サイクリング	（　③　）

5．（　　）に入る最も適切な単語を１～４の中から一つ選び、記号で答えなさい。

(1) We are going to swim (　　) the river next weekend.

1 on　　2 at　　3 in　　4 with

(2) Be (　　) in this room. A lot of people are reading books here.

1 noisy　　2 happy　　3 loud　　4 quiet

(3) We can see baseball games in the (　　).

1 museum　　2 zoo　　3 stadium　　4 library

(4) Take your umbrella (　　) it will rain in the afternoon.

1 but　　2 because　　3 or　　4 and

(5) Go down this street, and you can (　　) the post office on your right.

1 see　　2 look　　3 watch　　4 meet

6．次の会話文が成り立つように、（　　）に入る最も適切な単語を１～４の中から一つ選び、記号で答えなさい。

(1) A : I want to buy a birthday present for my mother.
B : (　　) is her birthday?

1 Where　　2 Which　　3 What　　4 When

(2) A : This coffee is bitter. Will you (　　) me the sugar?
B : Sure. Here you are.

1 have　　2 eat　　3 pass　　4 send

(3) A : Will you help me with my homework?
B : I'm sorry. I'm (　　) now.

1 busy　　2 free　　3 kind　　4 tall

(4) A : (　　) I use your dictionary?
B : Sorry, I don't have it today.

1 Will　　2 Shall　　3 Won't　　4 May

(5) A : Dinner is ready.
B : OK. I'm (　　) soon.

1 coming　　2 having　　3 singing　　4 taking

７．次のチラシの表示をみて、質問に**日本語で**答えなさい。

Online Three-country Tour

Visit Canada, New Zealand and Singapore online

Virtual Homestay / Virtual Sightseeing / Chatting with local students

■Date: Mar. 25th (Fri) ~ 27th (Sun) 9:00 ~ 13:00

■Place: Kogakkan Junior High School
※You can join the program at home.
You will need a PC and a headset.

■Fee: 27,000 JPY per person

■How to book: Official website http://kogakkan-tour.com
Scan QR code or visit our website

■Booking deadline: Feb. 25th (Fri) Noon

■Info Session: Feb. 12th (Sat) 13:00~ @Kogakkan Junior High School

■Contact: E-mail info@kogakkan-tour.com
Tel 0596-23-XXXX
Fax 0596-22-XXXX

sightseeing　観光　　local　現地の　　book　予約する

①このオンラインツアーで訪問する国はどこですか。全て答えなさい。

②自宅でオンラインツアーに参加する場合、必要なものは何ですか。全て答えなさい。

③オンラインツアーの申込み締《しめ》切りはいつか、答えなさい。

８．例にならって、あなたがこの冬休みにしたことを、４語以上の英文で３文書きなさい（ただし、同じ動詞を使わないこと。また、例文をそのまま用いないこと）。

（例）元旦《たん》に祖父母の家を訪れた。
I visited my grandparents on New Year's Day.

令和４年度　皇學館中学校　入学試験問題（Ａ日程）　英語

リスニングテスト　原稿

★教英出版注
音声は，解答集の書籍ＩＤ番号を教英出版ウェブサイトで入力して聴くことができます。

１．三つの英文を聞き、絵の内容を最もよく表しているものを１～３の中から一つ選び、記号で答えなさい。英文は２回読まれます。

No. 1
1. Today is Saturday.
2. Today is Thursday.
3. Today is Friday.

No. 2
1. The cat is on the table.
2. The cat is under the bed.
3. The cat is by the sofa.

２．英文を聞いてその内容を最もよく表しているものを a～d の中から一つ選び、記号で答えなさい。英文は２回読まれます。

No. 1
This is a soft sweet food. It is made from flour, butter, sugar, and eggs. Some fruits are on it.

No. 2
I had a lot of things to do yesterday. I got up early in the morning. After I had breakfast, I cleaned my room. In the afternoon, my mother went shopping, so I washed my clothes. My father cooked curry and rice for dinner, and we all enjoyed it. I was so busy doing many things yesterday, but I had a great time!

３．対話と質問を聞き、その答えとして最も適切なものを１～４の中から一つ選び、記号で答えなさい。対話と質問は、それぞれ２回読まれます。

No. 1
A: Kenji, what do you want to do on the weekend?
B: Oh, dad, I want to go to the sea and enjoy swimming and fishing!
A: That sounds fun, but I think the water is still too cold.
B: Hmm…and the weather may be cloudy or rainy.
A: Then, what about going to a movie? An anime movie and a sci-fi movie are playing now.
B: Oh, I love sci-fi movies! Let's go see it!
A: OK. Let's go on Saturday!

Q: What are Kenji and his father going to do on the weekend?

No. 2
A: Kenji, we will be junior high school students next year. Are you thinking to join a club?
B: Well, I like baseball and basketball, but the school doesn't have a basketball club. So I think I'll join the baseball club. What about you, David? Are you going to join a sport club?
A: I don't think so. I don't like sports so much. I'm very interested in Japanese culture, so I think I'll join the tea ceremony club.
B: That's great! You can learn how to make tea in a Japanese traditional way. Please make tea for me some time!
A: Sure! I'll practice very hard!

Q: Which club is David thinking to join?

４．これから３人の留学生がそれぞれ自己紹介をします。自己紹介を聞いて、それぞれの留学生の出身国や好きなことなどをまとめた下の表の（　　　）に入る語を、それぞれ日本語で答えなさい。英文は２回ずつ読まれます。

A: Hi, I'm Jack. I'm from Australia, and I'm 14 years old. We have many unique animals in my country, like koalas, kangaroos and wombats. I like visiting zoos, and I enjoy watching animals.

B: Hello, I'm Leon. I'm 16 years old, and I'm from France. I have two brothers. My hobby is cycling. My city has a beautiful river, and I enjoy cycling along the river with my brothers every weekend.

C: Hello, everyone. My name is Miguel. I'm from Mexico.Soccer is very popular in my country and my brothers are on the soccer team.I love playing sports, and I'm on the baseball team now. I practice it hard every day. My dream is to become a professional baseball player!

1

電磁石について、次の問いに答えなさい。

(1)　電磁石を作るために、エナメル線を同じ向きに何回も巻いたものを作った。このようなものを何というか。カタカナ３文字で答えなさい。

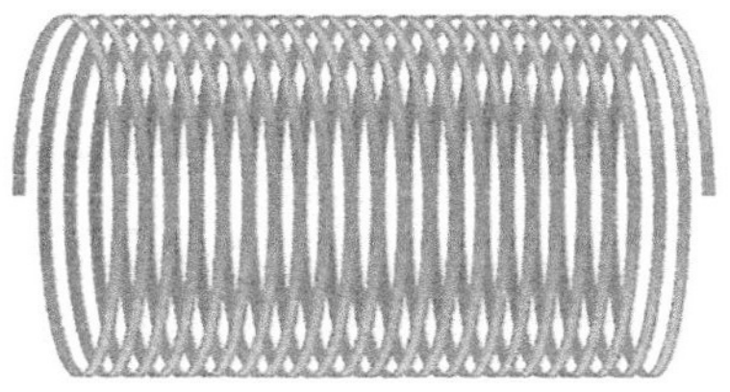

(2)　電磁石を作るためには、(1)のほかに鉄心（鉄のくぎ）、スイッチ、それからあと１つ何が必要か。次のア～エから必要なものを１つ選んで記号で答えなさい。

ア：方位磁石　　イ：棒磁石　　ウ：電池　　エ：電球

(3)　電磁石にも、棒磁石と同じようにＮ極とＳ極がある。電磁石の向きを変えずに、Ｎ極とＳ極を入れかえるにはどうすれば良いか。次のア～エから正しいものを２つ選んで記号で答えなさい。

ア：電池の向きを入れかえる。　　イ：エナメル線を巻く方向を変える。
ウ：鉄心の向きを変える。　　エ：スイッチの向きを変える。

(4)　電磁石の磁力を強くするためには、どうすれば良いか。ア～エから正しいものをすべて選んで記号で答えなさい。

ア：かん電池を並列つなぎで増やす。　　イ：かん電池を直列つなぎで増やす。
ウ：エナメル線の巻き数を増やす。　　エ：エナメル線の長さを長くする。

(5)　次のア～エのうち、電磁石を主な部品として使っていないものを１つ選んで記号で答えなさい。

ア：せん風機のモーター　　イ：テレビのスピーカー
ウ：車のエンジン　　エ：リニアモーターカーのモーター

2

（実験）うすい塩酸が入ったビーカーがある。このうすい塩酸を試験管にとり、そこにスチールウールを入れたときと、アルミニウムはくを入れたときの、それぞれの変化を観察した。

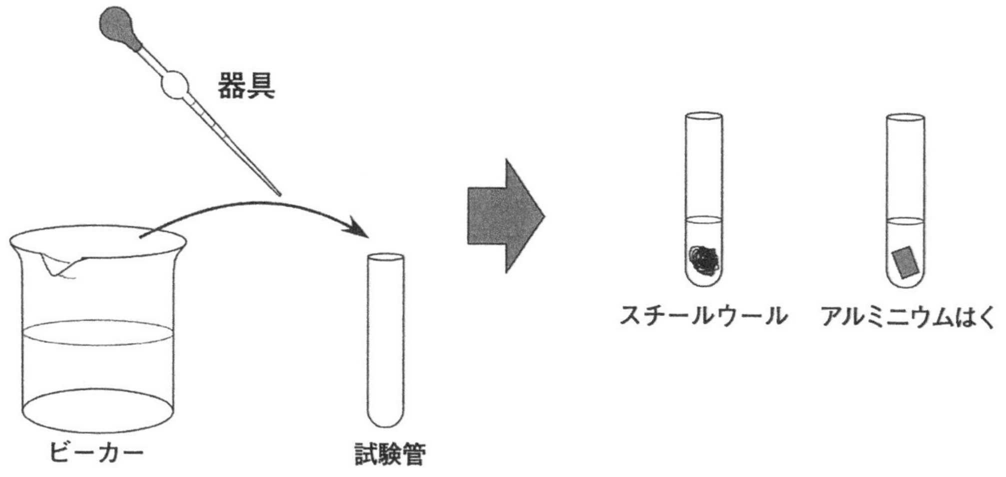

(1)　うすい塩酸をビーカーから試験管に はかりとるときに、上の図の器具を使った。この器具の名前を答えなさい。

(2)　スチールウールは、何という金属からできているか答えなさい。

(3)　スチールウールとアルミニウムはくをうすい塩酸に入れたとき、はげしく気体が発生したのはどちらか。

(4)　(3)で発生した気体の名前を答えなさい。

(5)　スチールウールを塩酸にとかした後、その液を２～３てき スライドガラスにとり、ドライヤーであたためかわかすと、ある色の粉がでてくる。この粉の色を答えなさい。

(6)　(5)の粉に磁石に近づけたとき、粉は磁石に引きよせられるか、それとも引きよせられないか。

3

A　植物について、次の問いに答えなさい。

(1)　以下の植物で、茎を食用しているものはどれか。１つ記号で選びなさい。
ア：エンドウ　　イ：ブドウ　　ウ：キャベツ　　エ：レンコン

(2)　以下の植物で、花を食用しているものはどれか。１つ記号で選びなさい。
ア：ブロッコリー　　イ：キャベツ　　ウ：ダイズ　　エ：モモ

(3)　以下の植物で、葉を食用しているものはどれか。１つ記号で選びなさい。
ア：キュウリ　　イ：タマネギ　　ウ：ニンジン　　エ：カボチャ

(4)　ジャガイモの食用としているイモの部分は、植物の何という部分か。

(5)　サツマイモの食用としているイモの部分は、植物の何という部分か。

B　以下の文は、ヒトのたんじょうについて説明したものである。以下の問いに答えなさい。

ヒトの女性の体内でつくられた（ア）と、男性の体内でつくられた精子がむすびつくことで、たんじょうがおこる。この（ア）と精子がむすびつく現象を（イ）という。この現象は女性の子宮の中でおこり、（イ）をしてから約（ウ）週間で子どもになる。

(1)（ア）と（イ）に入ることばをそれぞれ答えなさい。

(2)（ウ）に入る数字として最も当てはまるものを、次のア～エから１つ選んで記号で答えなさい。
ア：１０　　イ：２０　　ウ：４０　　エ：６０

(3)　子宮の中に入っている液体を何というか。

(4)　ヒトのような方法で、こどもが生まれてくる動物はどれか。記号で１つ選びなさい。
ア：カメ　　イ：メダカ　　ウ：クジラ　　エ：ペンギン

4

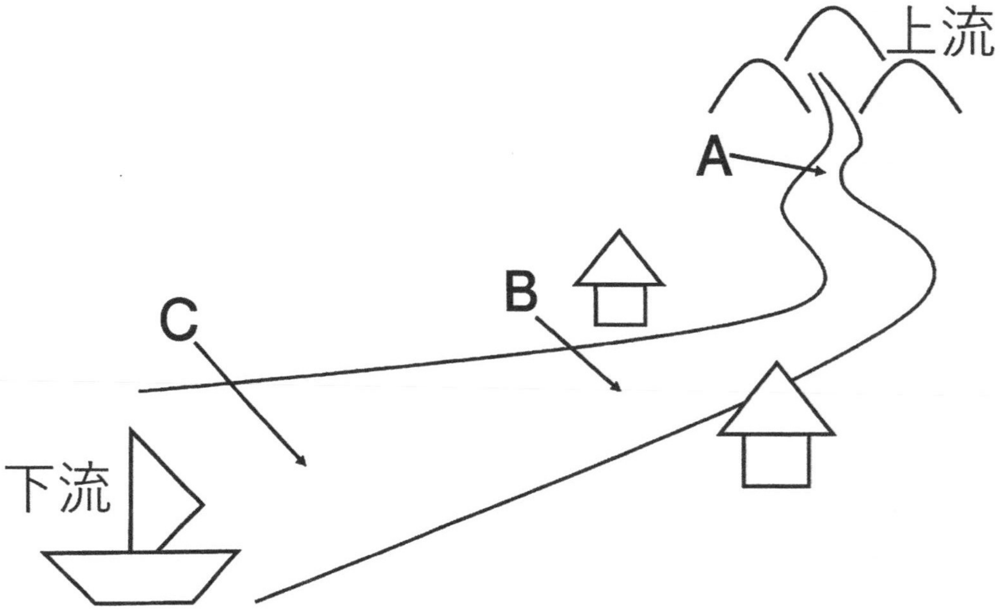

上の図は、川の流れるようすを表したイラストである。次の問いに答えなさい。

(1)　図のA～C地点のそれぞれで、岩や石のようすを調べたところ、①小さな丸い石、②中くらいの少しゴツゴツした石、③大きくてゴツゴツした岩 の３種類が見つかった。このうち、①の石が見つかったと考えられる場所は、図のA～Cのどこか。記号で答えなさい。

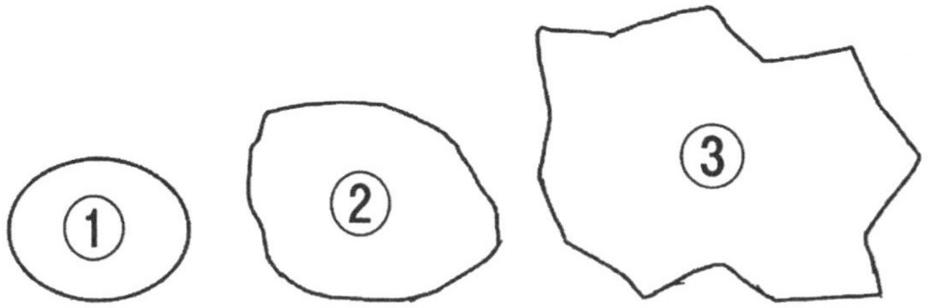

(2)　(1)について、なぜその場所で見つかったと考えたのか。理由を答えなさい。

下の図は、太陽、地球、月の場所を表したイラストである。図中の矢印は月がまわる方向である。次の問いに答えなさい。

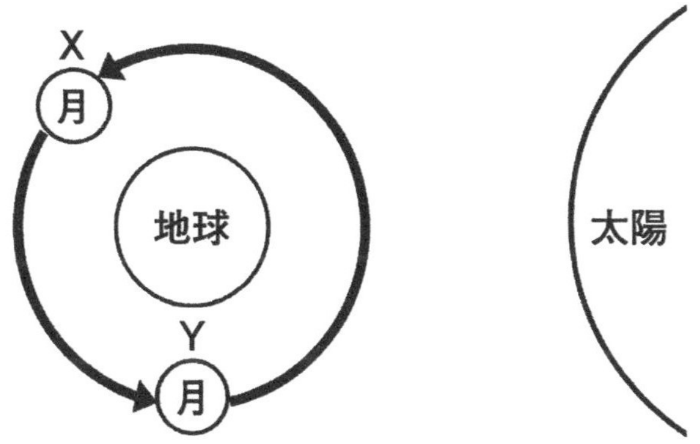

(3) 月がXの場所にあるとき、地球上の日本から月を見ると、どのように見えるか。例のように解答らんの図を塗りつぶしなさい。

例：三日月のとき

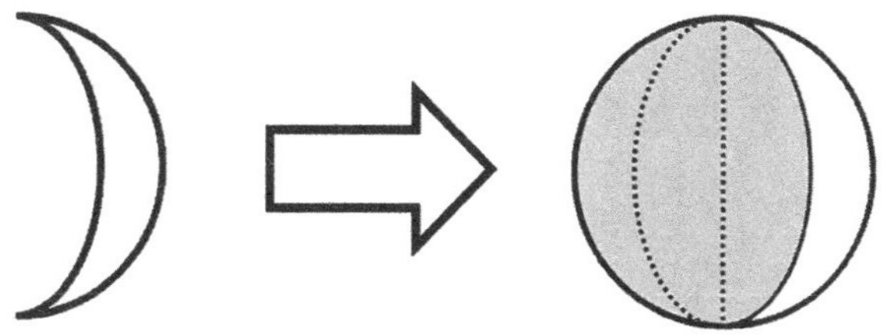

(4) 月がYの場所にあるとき、日本から月を見たときの見え方として正しいものを、下の図のア～オから<u>すべて</u>選んで記号で答えなさい。

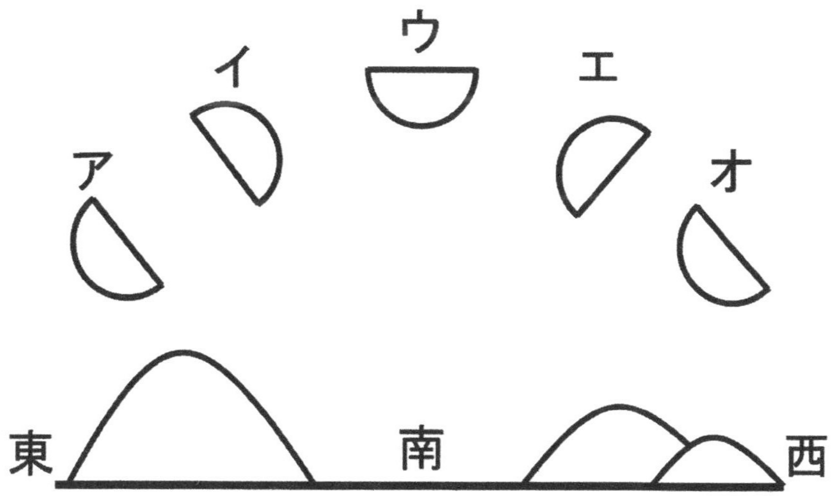

1　次の文章は、2021 年の７月から８月にかけて開かれた「東京 2020 オリンピック」の開会式で、国際《こくさい》オリンピック委員会会長のバッハさんがスピーチした内容を、日本語になおした一部分です。会長のスピーチと、オリンピックについて話している太郎さんと花子さんの会話文を読んで、それぞれの問いに答えなさい。

バッハ国際オリンピック委員会会長のスピーチ内容の一部分
※英語のスピーチを日本語になおしています

今日という日は希望《きぼう》の瞬間《しゅんかん》です。そうです、私たちが想像《そうぞう》していたものとはまったく異《こと》なっています。私たちが今ここに集っているこの瞬間を大切にしましょう。①205 の国と地域《ちいき》のオリンピック委員会と難民《なんみん》選手団のアスリートたちは、選手村の一つ屋根《やね》の下で生活しています。これが、ひとつになるスポーツの力です。これは、連帯《れんたい》のメッセージ、平和のメッセージ、そして困難《こんなん》から立ち上がる力のメッセージです。これは、私たちのさらなる旅に希望を与《あた》えます。私たちが皆《みな》でここに集《つど》うことができるのは、私たちをホストいただいている日本の皆さまのおかげです。心からの感謝と敬意《けいい》を表したいと思います。組織《そしき》委員会、そしてあらゆる日本の関係機関《きかん》が、大変素晴《すば》らしい準備《じゅんび》をしてくださいました。②オリンピックに出場するアスリートたちに代《か》わり、心から感謝を申し上げます。

（NHK による日本語訳《やく》の一部）

太郎　オリンピックの開会式では、各国のアスリートの服装《ふくそう》がかっこいいなと感じました。
花子　わたしは各国の国旗《こっき》に関心をもちました。デザインや色がそれぞれすてきでした。色がちがうけれど日の丸に似《に》ていると思うような国旗がありました。
太郎　③パラオ共和国の国旗ではないでしょうか。
花子　④三重県との関係が深く、友好関係にあるパラオですね。
太郎　そうです。以前《いぜん》、米農家のまさおおじさんが、パラオ共和国と日本が農業協力をはじめることを教えてくれました。2020 年に開かれた計画会議には、三重県も参加していたそうです。
花子　太郎さんのおじさんは、⑤米作りをしているのですか。
太郎　はい、そうです。おじさんは収穫《しゅうかく》したお米を、JA を通じて販売《はんばい》していると言っていました。
花子　JA とは何ですか。
太郎　JA とは農業協同《きょうどう》組合のことで、お互《たが》いに助け合い、農業生産を守り、よりよい社会を築《きず》くために組織されたグループのことです。
花子　ところで、国際オリンピック委員会会長のスピーチでは、日本の関係機関がすばらしい準備をしてくれたと感謝を述《の》べています。オリンピックのメダル作りにも様々な準備がおこなわれたと聞きました。太郎さんは知っていますか。
太郎　オリンピックのメダルリボンには、純《じゅん》国産の絹《きぬ》のひもが使われていて、質《しつ》の高さと⑥伝統技術《でんとう》をアピールできると報道《ほうどう》されていたのを知っています。
花子　東京オリンピック・パラリンピックの組織委員会は、47 都道府県の「伝統工芸品《こうげいひん》コレクション」の商品化を達成《たっせい》したと発表していましたね。

問１　下線部①について、次のＸとＹは、世界の国々をそれぞれの方法であらわした地図です。それぞれの地図の特ちょうについて太郎さんと花子さんが話している文を読み、その内容について正しく述《の》べているものをあとのア～エから一つ選び、記号で答えなさい。

Ｘ

Ｙ

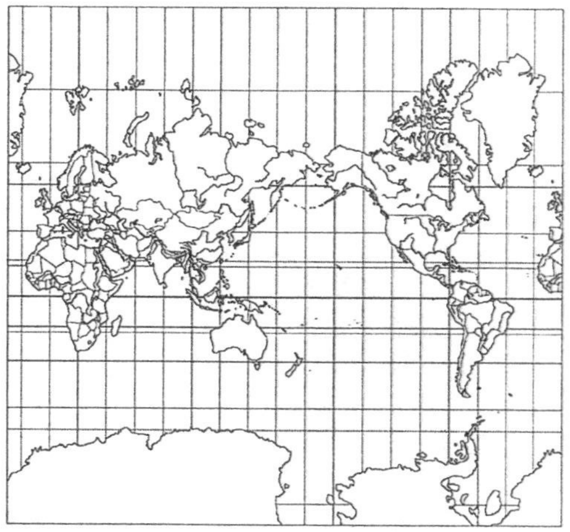

太郎：Ｘの地図は、中心からのきょりと方位を正確にあらわす方法です。
花子：Ｙの地図は、面積《めんせき》を正確にあらわしていますが、きょりや方位は正しくないので注意が必要です。

ア．太郎も花子も正しいことを話している。
イ．太郎は正しいことを話しているが、花子は誤《あやま》ったことを話している。
ウ．花子は正しいことを話しているが、太郎は誤ったことを話している。
エ．太郎も花子も誤ったことを話している。

問２　下線部②について、オリンピックのシンボルマークとして知られる五輪《ごりん》マークは、世界の五大陸をあらわしているとされています。次のア～エのグラフは、茶、カカオ豆、大豆《だいず》、ぶどうの大陸別の生産をそれぞれあらわしたものです。このうち「茶」の生産をあらわしているものを一つ選び、記号で答えなさい。

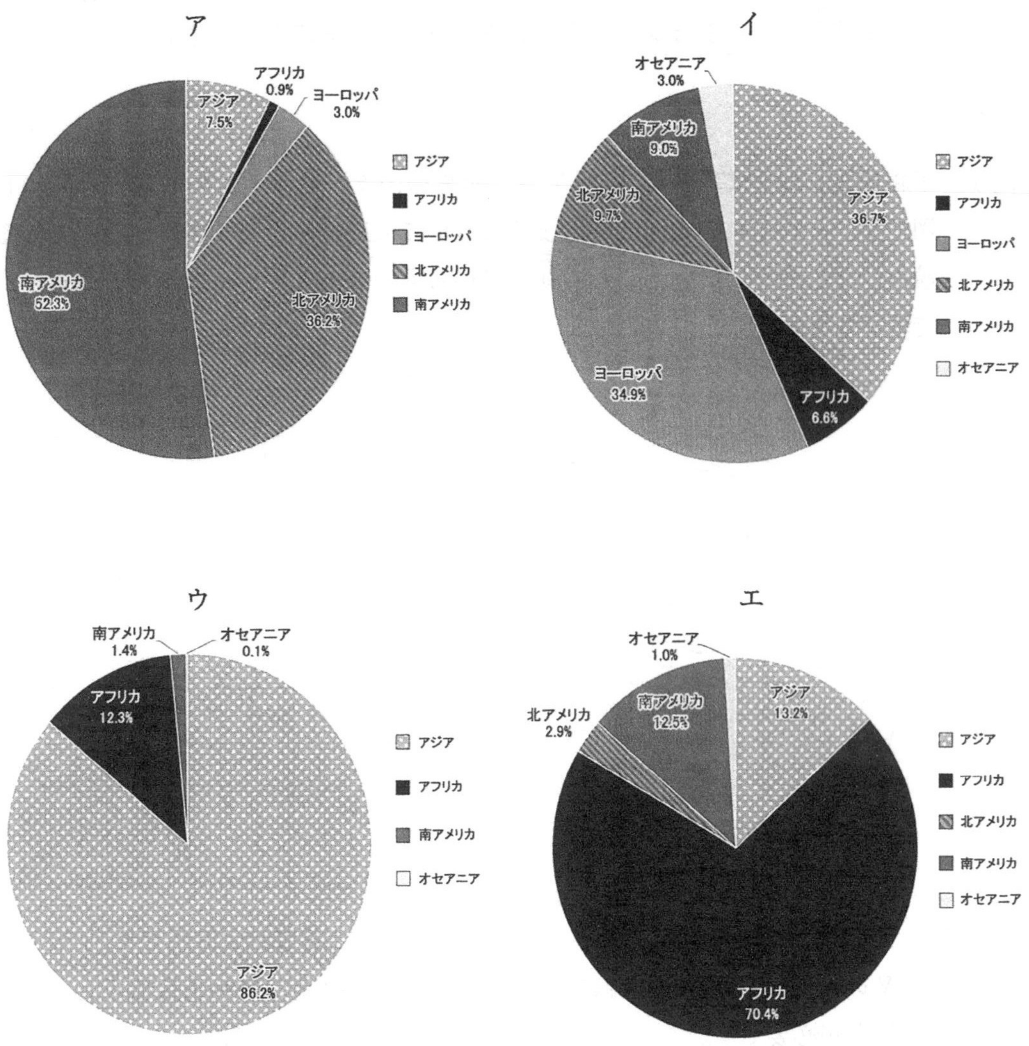

（二宮書店『データブックオブ・ザ・ワールド2020年版』より作成）

問３　下線部③について、パラオ共和国の気候《きこう》は熱帯《ねったい》雨林《うりん》気候とされますが、次のア～エの雨《う》温図《おんず》から、熱帯雨林気候と考えられるものを一つ選び、記号で答えなさい。

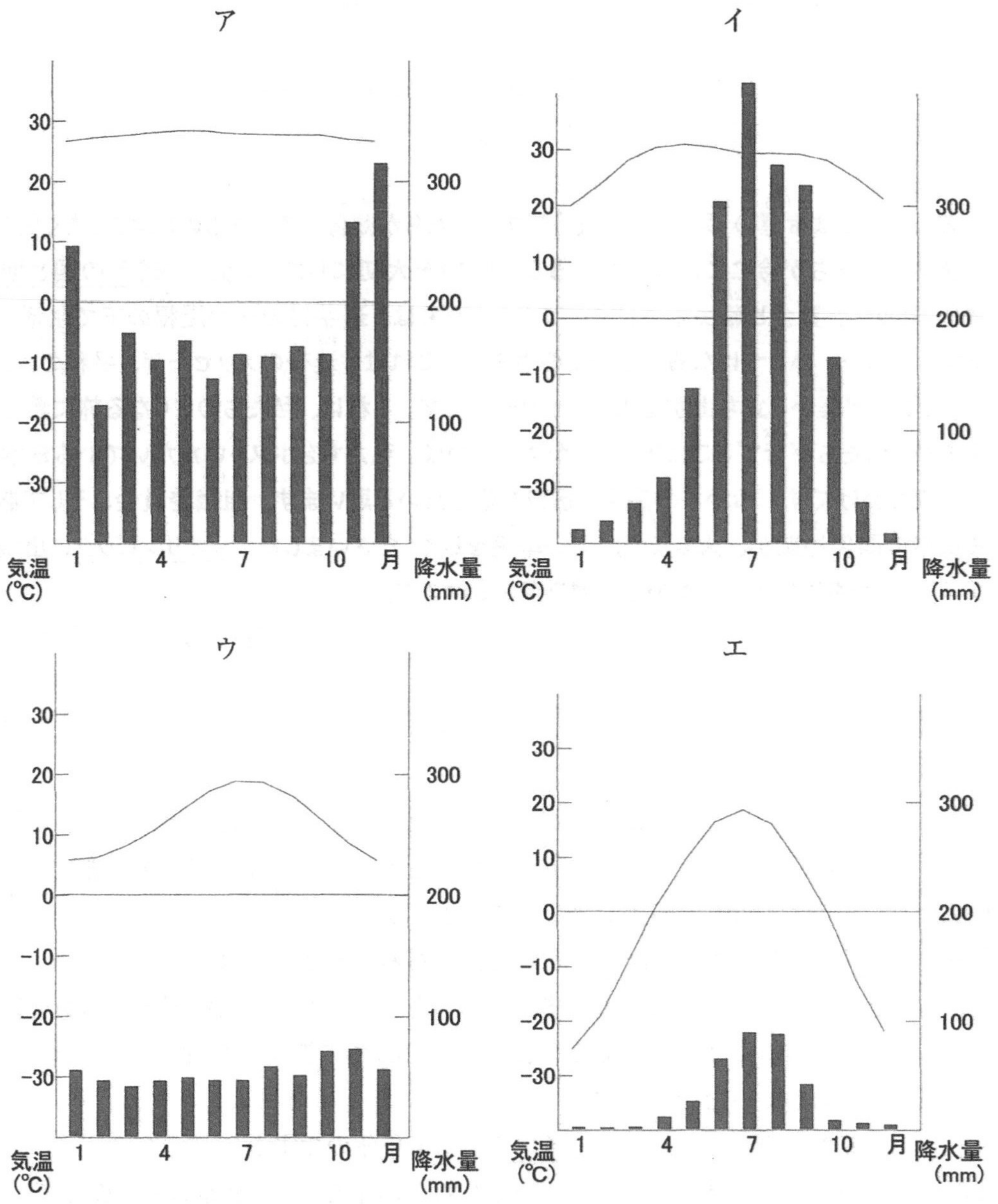

（帝国書院デジタルデータより作成）

問４　下線部④について、次の地形図Ｘは、三重県のある場所を示《しめ》しています。また、写真Ｙは地形図の中の四角でかこまれた場所を写《うつ》したものです。写真Ｙを見ると、長方形がならんでいるものは何であると考えられますか。あとのア～エから一つ選び、記号で答えなさい。

地形図Ｘ

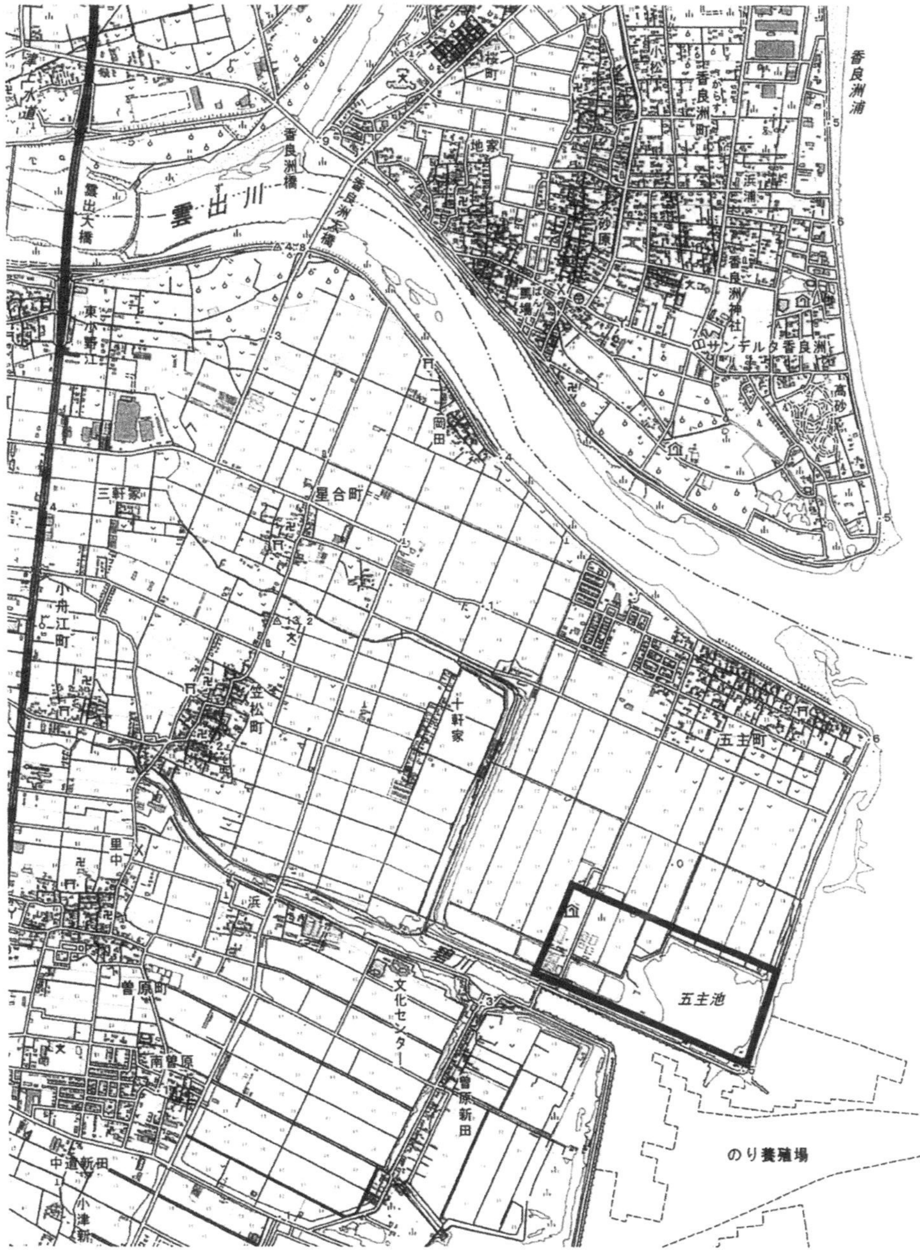

（国土地理院 令和３年発行２万５千分１地形図を加工したもの）

写真Ｙ

ア．のりの養殖《ようしょく》　イ．太陽光《こう》パネル　ウ．輪中《わじゅう》　エ．石油をためる基地《きち》

問５　下線部⑤について、あとの（１）～（３）に答えなさい。

（１）太郎さんは、まさおおじさんから米作りの作業について聞きました。また次の写真Ｚは、おじさんの米作りの作業のようすを写したものです。おじさんの話を読み、写真Ｚがおじさんの話のどれにあたるのか、あとのア～エから一つ選び、記号で答えなさい。

米作りは、地方によって時期も方法も少しずつことなるけれど、おじさんのおうちでは、稲《いね》をかってから次の田植えまでの間に、《田おこし》といって2、3回土をおこして、ひ料を与えて土作りをしておくんだ。4月に入ると、田に水を入れて《しろかき》をして、月末には、育てていた苗《なえ》を植えるんだ。この《田植え》は、今では便利な田植え機を使うんだよ。5月から7月までの間は、水の管理《かんり》をしたり、草をとったり、農薬を散布《さんぷ》するなど、細かな手入れをするんだ。中でも大切なのは水の管理なんだ。水を切らさないようにすることがとくに重要で、これが稲の生長や米の品質に大きく関係することになるんだ。8月に入ってどんどん稲の穂《ほ》が実ったら、コンバインで《稲かりと脱穀《だっこく》》をするんだよ。脱穀した「もみ」は、乾燥《かんそう》、もみすりをして、JAに持っていくんだよ。JAは生産者からあずかったお米を計画にしたがって各地に出荷《しゅっか》してくれるんだ。

写真Z

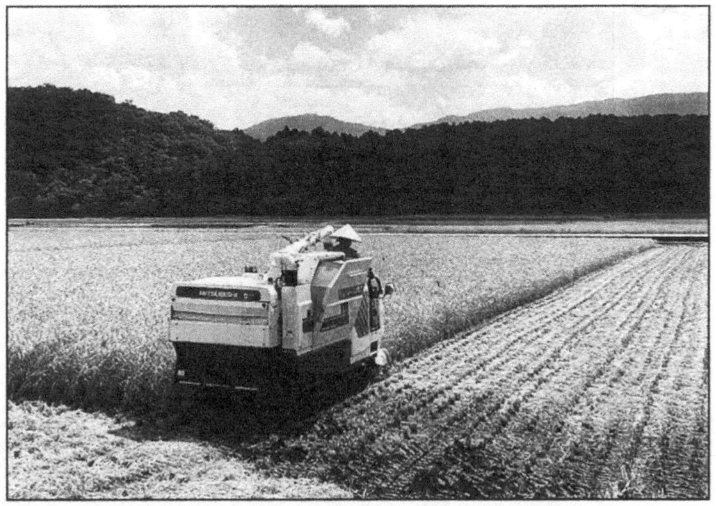

ア．《田おこし》　イ．《しろかき》　ウ．《田植え》　エ．《稲かりと脱穀》

（２）いろいろな米の品種を組み合わせたりして、よりすぐれた新しい品種をつくることを、漢字４文字で何といいますか。

（３）次のグラフは、農業で働《はたら》く人をふくめた産業別の働く人の数をあらわしたものです。グラフから読みとれる内容として正しいものを、あとのア～エのうちから一つ選び、記号で答えなさい。

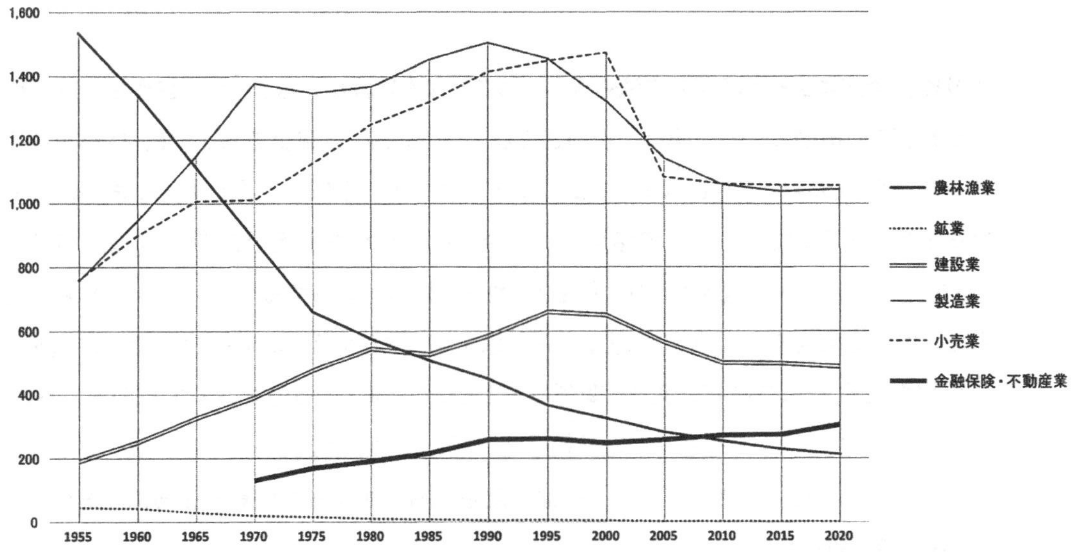

（労働政策研究・研修機構「産業別就業者数の推移」資料より作成）

ア．2000年から2020年にかけて、製造《せいぞう》業と小売《こうり》業の人口は少しずつ増《ふ》えつづけている。

イ．農林漁業の人口は、1975年から1995年までの間より、1955年から1975年までの間の方が、減少《げんしょう》のはばが大きい。

ウ．建設《けんせつ》業の人口は、金融《きんゆう》保険《ほけん》・不動産業の人口よりつねに少ないことがわかる。

エ．2000年をみると、鉱業《こうぎょう》の人口が農林漁業の人口の２倍以上はあることが読みとれる。

問６　下線部⑥について、都道府県と伝統工芸品の組み合わせとして最もふさわしいものを、次のア～エから一つ選び、記号で答えなさい。

ア．岩手県 ― 博多《はかた》人形　　イ．三重県 ― 熊野《くまの》筆《ふで》
ウ．長野県 ― 美濃《みの》和紙　　エ．佐賀県 ― 有田焼《ありたやき》

2　太郎さんと花子さんは夏休みの自由研究で、伊勢市内の歴史的な場所を見学することにしました。それは倭町《やまとまち》の隠岡《かくれがおか》遺跡《いせき》公園、御薗町《みそのちょう》の山田《やまだ》奉行所《ぶぎょうしょ》記念館です。次の写真はそれぞれの場所を写したものです。写真について話している太郎さんと花子さんの会話文を読み、あとの問いに答えなさい。

《　隠岡遺跡公園　》

《　山田奉行所記念館　》

太郎　隠岡遺跡公園の説明には「弥生時代後期のむらの跡《あと》」と「平安時代の建物群《たてものぐん》跡」が中心の遺跡と書いてあったね。

花子　①弥生時代ってどんな時代だったかなあ。

太郎　平安時代とも書いてあったね。

花子　平安時代といえば、貴族《きぞく》が住んでいた住宅様式が有名だよね。

太郎　②（　　　A　　　）とよばれているね。

花子　そうね、弥生時代から平安時代の間にもいろいろな時代があるよね。

太郎　ぼくは、③飛鳥時代や奈良時代に関心があるよ。小学校３年生の時に奈良の大仏《だいぶつ》を見学に行ったんだ。

花子　山田奉行所記念館でもらったパンフレットには、この奉行所は「江戸時代」につくられたと書いてあるわ。

太郎　江戸時代というと260年以上つづいた時代だよね。

花子　その通り。④もっとくわしく調べてみたいわ。

問１　下線部①について、弥生時代の説明として正しいものを次のア～エのうちから一つ選び、記号で答えなさい。

ア.　『風土記《ふどき》』がつくられた。
イ.　登呂《とろ》遺跡が代表的な遺跡である。
ウ.　大仙《だいせん》（仁徳陵《にんとくりょう》）古墳《こふん》がつくられた。
エ.　三内丸山《さんないまるやま》遺跡が代表的な遺跡である。

問２　下線部②について、（　A　）にあてはまる平安時代の貴族の住宅様式を漢字３文字で答えなさい。

問３　下線部③について、これらの時代の説明として波線《なみせん》部分が**誤っているもの**を、次のア～エのうちから一つ選び、記号で答えなさい。

ア.　聖武天皇《しょうむてんのう》が国分寺《こくぶんじ》と国分尼寺《こくぶんにじ》を建てた。
イ.　中大兄皇子《なかのおおえのおうじ》と中臣鎌足《なかとみのかまたり》が蘇我氏《そがし》を滅《ほろ》ぼした。
ウ.　鑑真《がんじん》が中国の隋《ずい》から日本にやってきた。
エ.　行基《ぎょうき》は奈良の大仏をつくる手助けをした。

問４　下線部④について、花子さんはこの会話のあと、江戸時代についてくわしく調べました。江戸時代に関係する問い（１）～（４）に答えなさい。

（１）江戸時代についての説明として正しいものを次のア～エのうちから一つ選び、記号で答えなさい。

ア．武士は守護《しゅご》や地頭《じとう》となって、地方を支配した。
イ．武家諸法度《ぶけしょはっと》というきまりを定め、そむいた大名《だいみょう》をきびしく処罰《しょばつ》した。
ウ．検地《けんち》や刀狩《かたなが》りをおこない、武士を支配した。
エ．元《げん》軍が２度にわたって九州北部におしよせてきた。

（２）江戸時代の貿易《ぼうえき》について、鎖国《さこく》によりオランダとの貿易は長崎の何という場所に制《せい》限《げん》されましたか。漢字２文字で答えなさい。

（３）江戸時代の文化について、『東海道五十三次《とうかいどうごじゅうさんつぎ》』をえがいた人物を、漢字４文字で答えなさい。

（４）二人がおとずれた勢田川《せたがわ》の近くには、伊勢にやってきた人物について説明する看板《かんばん》が立てられていました。この人物は江戸幕府《ばくふ》の命令により全国を測量《そくりょう》して歩き、正確な日本地図をつくろうとしたことで知られています。この人物はだれか、次のア～エのうちから一つ選び、記号で答えなさい。

ア．伊能忠敬《いのうただたか》　　イ．新井白石《あらいはくせき》
ウ．本居宣長《もとおりのりなが》　　エ．益田時貞《ますだときさだ》（天草四郎《あまくさしろう》）

3　次の**年表イ**と**年表ロ**は、日本のできごとや世界のできごとを、2021年からふり返る形になっています。年表に関連するあとの問いに答えなさい。

年表イ

年　代	できごと
2021年	第32回オリンピック競技《きょうぎ》大会（2020/東京）が開かれた 東京2020パラリンピック競技大会が開かれた
←	A
2011年	東日本大震災《ひがしにほんだいしんさい》が発生《はっせい》した
←	B
1991年	①湾岸《わんがん》戦争がおこった
←	C
1951年	②サンフランシスコで講和《こうわ》会議が開かれ平和条約がむすばれた

年表ロ

年　代	できごと
1941年	日本がハワイの真珠湾《しんじゅわん》を攻撃《こうげき》した
1931年	満州事変《まんしゅうじへん》がはじまった
←	
1891年	大津《おおつ》事件がおこった　　D
←	
1871年	明治政府により③廃藩置県《はいはんちけん》がおこなわれた ④富岡製糸場《とみおかせいしじょう》の建設がはじまった

問１　**年表イ**の下線部①と同じ年に、共産党《きょうさんとう》が解さんし、国家として消《しょう》めつしたのは次のア～エのうちどれか、一つ選び記号で答えなさい。

ア．ソヴィエト社会主義共和国連邦《れんぽう》　　イ．ドイツ民主共和国
ウ．ブルガリア人民共和国　　エ．ユーゴスラヴィア社会主義共和国連邦

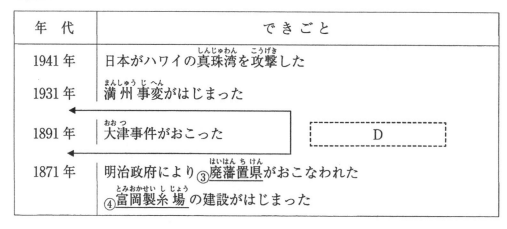

問２　**年表イ**の下線部②について、次の問い（１）・（２）に答えなさい。

（１）サンフランシスコでの平和条約調印《ちょういん》文書に署名《しょめい》した時の日本の首相はだれですか。漢字で答えなさい。

（２）この時同時に、日本とアメリカとの間で結ばれた保障《ほしょう》条約のよび名を次のア～エから一つ選び、記号で答えなさい。

ア．　ワシントン条約	イ．　日米安全保障条約
ウ．　日米和親条約	エ．　日米修好通商条約

問３　アメリカのニューヨークにある世界貿易センタービルが破壊《はかい》された同時多発《たはつ》テロ事件は、**年表イ**の［A］～［C］のいずれの期間《きかん》におこったできごとですか。アルファベットのA～Cで答えなさい。

問４　**年表ロ**［D］の期間に関係する次の文章を読み、あとの問い（１）・（２）に答えなさい。

> 1890（明治23）年ころから、〔　　1　　〕県の〔　　2　　〕銅山の鉱毒《こうどく》が川に流れ込み、洪水《こうずい》のたびに流域《りゅういき》の田畑の作物が立ち枯《か》れるなど大きな被害《ひがい》をだした。〔1〕県選出《せんしゅつ》の衆議院《しゅうぎいん》議員の田中《たなか》正造《しょうぞう》は議会でたびたび被害を訴《うった》えたが、被害はやまず、100年以上におよぶ大きな社会問題となり、現在でも影響《えいきょう》がのこっている。

（１）文章中の〔　1　〕・〔　2　〕にあてはまる語句が、正しく組み合わされているものを、次のア～エから一つ選び、記号で答えなさい。

ア．　１ ― 島根　２ ― 石見《いわみ》	イ．　１ ― 島根　２ ― 足尾《あしお》
ウ．　１ ― 栃木　２ ― 石見	エ．　１ ― 栃木　２ ― 足尾

（２）文章中の田中正造は、立憲改進党《りっけんかいしんとう》に入っていたことでも知られています。下の写真は、立憲改進党を結成《けっせい》し、初代党首《とうしゅ》となった人物です。この人物はだれかあとのア～エから一つ選び、記号で答えなさい。

ア．　大隈重信《おおくましげのぶ》　イ．　福沢諭吉《ふくざわゆきち》　ウ．　尾崎行雄《おざきゆきお》　エ．　板垣退助《いたがきたいすけ》

問５　**年表ロ**の下線部③について、廃藩置県とはどのようなできごとですか。20字以内で説明しなさい。

問６　**年表ロ**の下線部④について、日本初の官営《かんえい》工場である富岡製糸場が建てられたことには、近代的な産業を育て、生産力を増やして国の経済力を高めようとする明治政府の政策が関係します。このような政策を何とよぶか、漢字４文字で答えなさい。

4　太郎さんと花子さんの会話文を読んで、あとの問いに答えなさい。

太郎　去年《きょねん》の秋に三重県知事選挙があったね。何歳《さい》から投票できるか、花子さんは知っている？

花子　もちろん、知っているわ。（　　　ア　　　）歳から投票できるわね。今年から、成人年齢《ねんれい》も（ア）歳になるわね。

太郎　そういえば、衆議院議員の総選挙もあったね。衆議院議員になれるのは【　　A　　】歳からだね。でも、参議院《さんぎいん》議員は【　　B　　】歳からなんだね。

花子　その通りね。そうそう、選挙のポスターを見ながら歩いていたら、伊勢市役所の近くまで来ていたわ。市役所の手前には①裁判所《さいばんしょ》もあったわ。

太郎　選挙の話もあったけれど、②三権分立《ぶんりつ》という言葉を知っている？国の権力が一つのところに集まるのをふせぐため、日本国憲法《けんぽう》で定められているんだよ。

花子　そうなのね。私はそのあと、市役所の中に入って行ったら、伊勢市内の災害《さいがい》の危険度《きけんど》をあらわす（　　　イ　　　）があるのに気づいたわ。津波《つなみ》や、洪水などの危険度を地域ごとに示してあるのね。

太郎　家にも（イ）がおいてあるよ。台風や地震《じしん》の時には気をつけないといけないね。

太郎さんとのお話が終わった花子さんは、家に帰ってから世界の災害について調べ、さまざまな問題がおこっていることを知りました。そのなかでもとくに③環境《かんきょう》問題に関心をもち、これからも深く学習したいと考えました。

問１　文中の（　ア　）にあてはまる数字を書きなさい。

問２　文中の【　A　】と【　B　】にあてはまる、数字の組み合わせとして正しいものを、次のア～エから一つ選び、記号で答えなさい。

ア．　A ＝ 25　　B ＝ 30
イ．　A ＝ 30　　B ＝ 35
ウ．　A ＝ 30　　B ＝ 25
エ．　A ＝ 35　　B ＝ 30

問３　文中の（　イ　）には災害の危険を示す地図のことをあらわす語句が入ります。（　イ　）にあてはまる語句を、カタカナ７文字で答えなさい。

問４　下線部①について、日本の裁判所もしくは裁判について説明した次の文章XとYの正誤《せいご》の組み合わせとして正しいものを、あとのア～エから一つ選び、記号で答えなさい。

X　裁判員《さいばんいん》制度とは、高等裁判所でおこなわれる裁判に国民が参加する制度である。
Y　判決に納得《なっとく》できないときには、さらに上級の裁判所にうったえることができる三審制《さんしんせい》をとっている。

ア．　X ＝ 正　　Y ＝ 誤
イ．　X ＝ 誤　　Y ＝ 正
ウ．　X ＝ 正　　Y ＝ 正
エ．　X ＝ 誤　　Y ＝ 誤

問５　下線部②について、三権のうち行政を担とうしている内閣の仕事を説明した次の文章XとYの正誤の組み合わせとして正しいものを、あとのア～エから一つ選び、記号で答えなさい。

X　衆議院の解さんを決める
Y　外国と条約を結ぶ

ア．　X ＝ 正　　Y ＝ 誤
イ．　X ＝ 誤　　Y ＝ 正
ウ．　X ＝ 正　　Y ＝ 正
エ．　X ＝ 誤　　Y ＝ 誤

問６　下線部③について、地球温暖化《おんだんか》をふせぐために京都で開かれた国際会議で何を減《へ》らすことが決められたか、解答用紙にしたがって漢字４文字を答えなさい。

令和4年度（A日程）　国語解答用紙

〔一〕

問1　A　B　C　D　E

問2　(1)　(2)　はじめ　～　終わり

問3　Ⅰ　Ⅱ

問4

問5

問6

問7

〔二〕

問1　A　B　C　D

問2

問3

問4　と考えたから。

問5

〔三〕

問1　①　②　③

問2　①　②

問3

問4　①　②　③　④

問5　①　②　③　④　⑤

問6

問7

問8

問9

問10

受験番号
得　点

※100点満点
（配点非公表）

令和４年度　（Ａ日程）

算　　数　　　解答用紙

受験番号	得　　点

※100点満点
（配点非公表）

1	(1)	①		②		③	
		④		⑤			
	(2)	①		②		③	
		④		⑤	□　　○		

2	(1)	cm³	(2)	m
	(3)	%	(4)	
	(5)	杯	(6)	cm
	(7)	度	(8)	
	(9)	点		
3	(1)	cm	(2)	cm
4	(1)	分速　　m	(2)	m
5	(1)	cm²	(2)	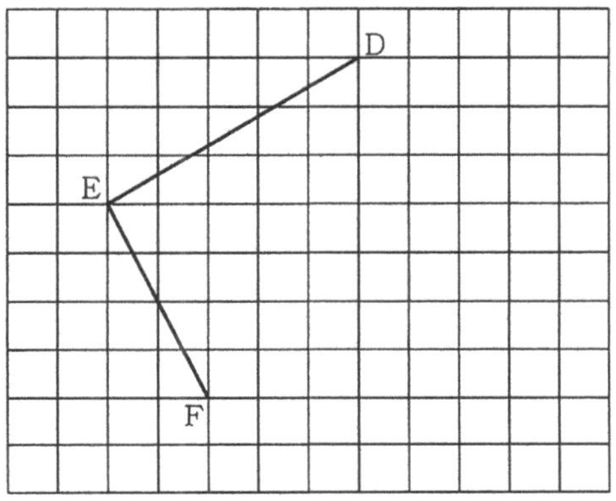

【図３】

令和４年度　（Ａ日程）

英　　語　　解答用紙

受験番号	得　　点

※50点満点
（配点非公表）

1

No.1	No.2

2

No.1	No.2

3

No.1	No.2

4

①	②
③	

5

(1)	(2)	(3)	(4)	(5)

6

(1)	(2)	(3)	(4)	(5)

7

①
②
③

8

令和４年度　（Ａ日程）

理　科　　解 答 用 紙

受 験 番 号	得　　点

※50点満点
（配点非公表）

1

(1)	(2)
(3)	(4)
(5)	

2

(1)	(2)
(3)	(4)
(5)	(6)

3－A

(1)	(2)
(3)	(4)
(5)	

3－B

(1) ア	イ	(2)
(3)		(4)

4

(1)	
(2)	
(3) 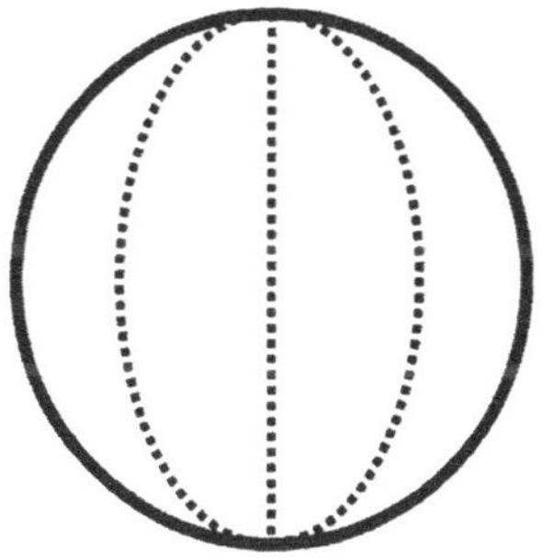	(4)

令和４年度　（Ａ日程）

社　会　解答用紙

受験番号	得　点

※50点満点
（配点非公表）

1					
問１			問２		
問３			問４		
問５	（１）		問５	（２）	
問５	（３）		問６		

2					
問１			問２		
問３			問４	（１）	
問４	（２）				
問４	（３）				
問４	（４）				

3					
問１			問２	（１）	
問２	（２）		問３		
問４	（１）		問４	（２）	
問５					
問６					

4			
問１		問２	
問３			
問４		問５	
問６	ガス		